P9-CBD-029

Oracional Bilingüe

A Prayer Book
for Spanish-English Communities

Rev. Jorge Perales, editor

A Liturgical Press Book

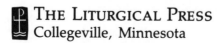

THE LITURGICAL PRESS
Collegeville, Minnesota

Cover design by David Manahan, O.S.B.
Illustrations appearing in this book are by the editor.

3   4   5   6   7   8

DEDICATION

I wish to dedicate this book of prayers to all the students I served as teacher and spiritual director at St. Vincent de Paul Regional Seminary, Boynton Beach, Florida, since September 13, 1982, feast of St. John Chrysostom; and also to all those people who through the years have shared the vision of St. Vincent's as a bilingual seminary and have supported and contributed to the efforts to make it so.

Fr. Jorge Perales
January 31, 1993
Feast of St. John Bosco

DEDICACION

Deseo dedicar este librito de oración a todos los estudiantes que he servido como maestro y director espiritual en el seminario regional de San Vicente de Paúl, Boynton Beach, Florida, desde el 13 de septiembre de 1982, festividad de San Juan Crisóstomo; y también a todas aquellas personas quienes a través de los años han compartido la visión de San Vicente como un seminario bilingüe y han apoyado y contribuido con los efuerzos que hacen realidad esta visión.

P. Jorge Perales
31 de enero de 1993
Festividad de San Juan Bosco

CONTENTS

CONTENIDO

ACKNOWLEDGMENTS/ RECONOCIMIENTOS

The editor gratefully acknowledges the copyright holders noted below for permission to reprint texts:

Biblioteca de Autores Cristianos, Madrid, Spain, which accorded gratis permission to reprint:

Solo Dios Basta (p. 47)
Trisagio (p. 17)
Padre, me pongo en tus manos (p. 19)
Bendita sea tu pureza (p. 39)
Oración a San José (p. 23)
Oración al Santo patrono o protector (p. 25)
(The above are taken from *Oracional*, B.A.C., 1977.)

Virgen Santa, no te olvides (p. 23)
(Taken from *Oraciones de la familia*, B.A.C., 1977.)

Byzantine Seminary Press, Pittsburgh, Pennsylvania:
Heavenly King, Comforter (p. 20)

Catholic Book Publishing Co, New York, New York:
Oración de San Bernardo (p. 45)
Oración de Santo Tomás de Aquino (p. 115)
Oración de San Ignacio (p. 119)
Oración ante un Crucifijo (p. 57)
Alma de Cristo (p. 119)
Reproduced with permission, © 1962 Catholic Book Publishing Co., New York, N.Y. All rights reserved.

Diocese of St. Maron, U.S.A., Brooklyn, New York:
O God, you are before all ages (p. 34)

Editorial El Monte Carmelo, Burgos, Spain:
Señor Jesucristo, tú que eres juntamente Dios (p. 39)

Ediciones Rialp, Madrid, Spain:
Te damos Gracias, oh Dios (p. 43)
Comemos tu cuerpo sagrado (comenzando: Sea tu cuerpo) (p. 73)

The Liturgical Press, Collegeville, Minnesota:
We give you thanks, O God (p. 42)
Your Sacred Body (beginning: Let your body, then) (p. 72)
In the Shelter of your mercy (p. 34)

Ediciones Cristiandad, Madrid, Spain:

Scripture texts, other than Psalms 90, 70, 22 in Spanish: Nueva Biblia Española: Edición Latinoamericana

Confraternity of Christian Doctrine, Washington, D.C.:

Scripture texts, other than Psalms 91, 71, 23 in English:

Excerpts taken from the New American Bible, © 1970, and from the New American Bible with Revised New Testament, © 1986 by the Confraternity of Christian Doctrine, 3211 Fourth St. N.E., Washington, DC 20017-1194, and are used by permission. All rights reserved.

Conferencia Episcopal Española:

All Spanish liturgical texts, including the psalms, are identified in this book as follows:
(H) Liturgia de Las Horas
(M) Misal Romano
(P) Ritual de La Penitencia
(E) Ritual del Cuidado Pastoral de Los Enfermos
(C) Ritual del Culto Eucarístico Fuera de La Misa
(F) Ritual de Exequias (Funerales)
(B) Bendicional

New Revised Standard Version Bible:

The quotations from Psalms 91, 71, and 23 are from the New Revised Standard Version Bible, Catholic Edition © 1989 by the Division of Christian Education of the National Council of Churches of Christ in the U.S.A. Used by permission. All rights reserved.

International Commission on English in the Liturgy, Washington, D.C.:

All English liturgical texts are identified in this book as follows:
(H) Liturgy of the Hours/Christian Prayer
(S) Sacramentary
(P) Rite of Penance
(SK) Rite of Pastoral Care of the Sick
(C) Rite of Eucharistic Worship Outside of Mass
(F) Rite of Funerals
(B) Book of Blessings

Excerpts from the English translation of *The Roman Missal* © 1973, International Committee on English in the Liturgy, Inc. (ICEL); excerpts from the English translation of *The Liturgy of the Hours* © 1974, ICEL: excerpts from the English translation of *Rite of Penance* © 1974, ICEL; excerpts from *Christian Prayer* © 1976, ICEL; excerpts from *Pastoral Care of the Sick: Rites of Anointing and Viaticum* © 1982, ICEL; excerpts from the English translation of *A Book of Prayers* © 1982, ICEL; excerpts from the *Order of Christian Funerals* © 1985, ICEL; excerpts from the *Book of Blessings* © 1987, ICEL. All rights reserved.

INTRODUCTION

This prayer book is first of all a book which gathers under
one cover many of the prayers which for almost endless
generations have been known, loved, and uttered by so
many people who seek and love God. Given the fact that
many Catholic communities today are made up of people
whose mother tongue is English and people whose mother
tongue is Spanish, as well as people who know them both,
it seemed quite a good idea to include in a prayer book the
commonly used prayers, as well as the prayers of the Mass,
prayers for Communion, for confession, prayers of devotion,
the Stations of the Cross, the Rosary, and prayers for the
sick and at the time of death (these last can also be used in
the context of a novena for the deceased) in both English
and Spanish.

The prayers have been chosen mainly from the liturgical
and devotional tradition of the Roman Catholic Church, al-
though there are prayers representative of our rich Catholic
(universal) heritage. These include prayers from the ancient
Hispanic liturgy, such as the Trisagion and the final prayer
at midday; the Maronite prayer which concludes Morning
Prayer; the Byzantine prayer to the Holy Spirit; the Irish
prayer of St. Patrick; the much-loved Spanish Poetic prayer
to Mary, found at the very end of Midday Prayer. There are
prayers from the Scriptures, such as the Our Father and the

INTRODUCCION

Este libro de oración es antes que todo un libro que recoge bajo una misma cubierta muchas de las oraciones que a través del tiempo han sido conocidas, amadas y dichas por tantas personas que buscan y aman a Dios. Ya que muchas comunidades católicas hoy en día están compuestas de personas de habla española y de personas de habla inglesa, al igual que de personas que conocen las dos lenguas, pareció una buena idea hacer un libro de oraciones en español e inglés. El libro contiene las oraciones utilizadas con más frecuencia, oraciones de la Misa, oraciones para la confesión, para la comunión, oraciones de devociones, el vía crucis, el rosario, así como oraciones por los enfermos y en el momento de la muerte (estas últimas sirven también para un novenario de difuntos).

Las oraciones han sido tomadas principalmente de la tradición litúrgica y devocional de la Iglesia católica romana, aunque también hay oraciones que representan la rica herencia católica (universal). Estas incluyen oraciones tomadas de la antigua liturgia hispana, como el Trisagio y la oración final al medio día; la oración maronita con que se concluye la oración de la mañana; la oración bizantina al Espíritu Santo; la oración irlandesa de San Patricio; la ''Bendita sea tu pureza,'' tan bella oración poética, querida por tantos. Hay oraciones tomadas de las escrituras, como el Padre Nuestro

Hail Mary, as well as prayers using the Scriptures, such as the Rosary and the Stations of the Cross.

The same prayer appears in both languages on facing pages, the English rendition on the left and the Spanish rendition on the right. The texts are taken from the liturgical books as well as other sources in each respective language. Only in a few cases where the text could only be found in one language has the editor made a translation himself.

Hopefully this English-Spanish prayer book will serve many families and communities as well as individuals to pray and learn to pray in these two beautiful languages, so widely used in our Church today. May it serve to preserve among young and old alike the language in which they first learned to pray. May it be a source of inspiration and comfort as they grow closer to God through prayer.

y el Ave María, como también oraciones que utilizan la escritura, como el vía crucis y el rosario.

La misma oración aparece en los dos idiomas en dos páginas, una frente a la otra, la de español a la derecha y la de inglés a la izquierda. Los textos están tomados de los libros litúrgicos y de otras fuentes en cada idioma respectivamente. Sólo en algunos casos donde no se encontró el texto más que en una sola lengua, el redactor ha hecho entonces la traducción respectiva. Ojalá este Oracional Bilingüe sirva a muchas familias, comunidades, e individuos para rezar y aprender a rezar en estas dos bellas lenguas, tan utilizadas en nuestra Iglesia hoy en día. Que sirva para mantener entre jovenes y viejos, entre niños y adultos, la lengua en la cual primero aprendieron a rezar. Sea esta una fuente de inspiración y consuelo al acercarse más a Dios a través de la oración.

Yo soy el buen pastor.
El buen pastor entrega
su vida por las ovejas.

I am the good shepherd.
The good shepherd
lays down his life for the sheep.

Prayer of Thanks

It is truly right, good, and just to give you thanks, to praise you, and to glorify you, Lord, Holy Father, with your only Son, and with the Holy Spirit.

For it is from you that comes all that is good and that we receive so many abundant blessings. I give you thanks for your grace, for your love, and for your care.

I praise you for the gift of faith, of repentance, and of forgiveness. I glorify you for redemption, for Jesus Christ our Savior, and for his holy gospel.

Thank you, Lord, good God, for so many gifts which you give me, for so many favors which you grant me, for so many wonders which are your gift to me.

For so much, thank you, Lord. Always keep my heart grateful and geared towards you, and may the Most Holy Virgin keep in her prayer all whom I love and me with them. Amen.

(Fr. Jorge Perales)

Oración Para Dar Gracias

Verdaderamente es justo, bueno, y necesario darte gracias, alabarte y glorificarte a ti Señor, Padre Santo, con tu Hijo único Jesucristo y con el Espíritu Santo.

Pues es de ti de quien procede todo bien y de quien recibimos tan abundantes bendiciones. Te doy gracias por tu gracia, por tu amor, y por tu cuidado.

Te alabo por el don de la fe, del arrepentimiento, y del perdón. Te glorifico por la redención, por Jesucristo nuestro salvador, y por su santo evangelio.

Gracias, Señor, Dios bueno, por tantos dones que me das, tantos favores que me otorgas, tantas maravillas que me regalas.

Por tanto, ¡gracias, Dios mío! Mantén siempre mi corazón agradecido y encaminado hacia ti, y que la Virgen Santísima mantenga en su súplica a quienes yo quiero y a mí con ellos. Amén.

(P. Jorge Perales)

En oración con María, la Madre de Jesús.

At prayer with Mary, the Mother of Jesus.

EVERYDAY PRAYERS

He [Jesus] was praying in a certain place, and when he had finished, one of his disciples said to him, "Lord, teach us to pray just as John taught his disciples." He said to them, "When you pray, say: Father, hallowed be your name, ..." (Luke 11:1-4)

ORACIONES DE TODOS LOS DIAS

Una vez estaba él [Jesús] orando en cierto lugar; al terminar, uno de sus discípulos le pidió: "Señor, enséñanos una oración, como Juan les enseñó a sus discípulos". El les dijo: "Cuando recen digan: Padre, proclámese que tú eres santo . . .".
(Lc 11:1-4)

The Sign of the Cross

In the name of the Father, ✝
and of the Son,
and of the Holy Spirit. Amen.

The Our Father

Our Father, who art in heaven,
hallowed be thy name;
thy kingdom come;
thy will be done on earth as it is in heaven.
Give us this day our daily bread;
and forgive us our trespasses
as we forgive those who trespass against us;
and lead us not into temptation,
but deliver us from evil.

The Hail Mary

Hail Mary, full of grace.
The Lord is with thee.
Blessed art thou amongst women,
and blessed is the fruit of thy womb, Jesus.
Holy Mary, Mother of God,
pray for us sinners,
now and at the hour of our death. Amen.

The Glory Be to the Father

Glory be to the Father,
and to the Son,
and to the Holy Spirit,
as it was in the beginning,
is now and ever shall be,
world without end. Amen.

La Señal de la Cruz

Por la señal de la Santa Cruz, ✝
de nuestros enemigos líbranos, ✝
Señor, Dios nuestro. ✝
En el nombre del Padre, ✝
y del Hijo,
y del Espíritu Santo. Amén.

El Padre Nuestro

Padre nuestro, que estás en el cielo,
santificado sea tu Nombre;
venga a nosotros tu reino;
hágase tu voluntad en la tierra como en el cielo.
Danos hoy nuestro pan de cada día;
perdona nuestras ofensas,
como también nosotros perdonamos a los que nos
    ofenden;
no nos dejes caer en la tentación,
y líbranos del mal.

El Ave María

Dios te salve María, llena eres de gracia;
el Señor es contigo;
bendita tú eres entre todas las mujeres,
y bendito es el fruto de tu vientre, Jesús.
Santa María, Madre de Dios,
ruega por nosotros pecadores,
ahora y en la hora de nuestra muerte. Amén.

El Gloria al Padre

Gloria al Padre
y al Hijo
y al Espíritu Santo.
Como era en el principio, ahora y siempre,
y por los siglos de los siglos. Amén.

The Apostles' Creed (S)

> I believe in God, the Father almighty,
>   creator of heaven and earth.
>
> I believe in Jesus Christ, his only Son, our Lord.
>   He was conceived by the power of the Holy Spirit
>   and born of the Virgin Mary.
>   He suffered under Pontius Pilate,
>   was crucified, died, and was buried.
>   He descended to the dead.
>   On the third day he rose again.
>   He ascended into heaven,
>   and is seated at the right hand of the Father.
>   He will come again to judge the living
>   and the dead.
>
> I believe in the Holy Spirit,
>   the holy catholic Church,
>   the communion of saints,
>   the forgiveness of sins,
>   the resurrection of the body,
>   and the life everlasting. Amen.

Act of Faith   (see Matt 16:16; Mark 9:23, 24)

> Lord, I believe you are the Christ,
> the Son of the living God,
> who have said:
> "All things are possible to them who believe."
> I believe. Help my unbelief. Lord, increase my faith.
>   Amen.

El Credo de los Apóstoles (M)

Creo en Dios, Padre todopoderoso,
Creador del cielo y de la tierra.
Creo en Jesucristo, su único Hijo, nuestro Señor,
que fue concebido por obra y gracia del Espíritu Santo,
nació de santa María Virgen,
padeció bajo el poder de Poncio Pilato,
fue crucificado, muerto y sepultado,
descendió a los infiernos,
al tercer día resucitó de entre los muertos,
subió a los cielos
y está sentado a la derecha de Dios, Padre todopoderoso.
Desde allí ha de venir a juzgar a vivos y muertos.
Creo en el Espíritu Santo,
la santa Iglesia católica,
la comunión de los santos,
el perdón de los pecados,
la resurrección de la carne,
y la vida eterna. Amén.

Acto de Fe

(Ver Mt 16:16; Mc 9:23, 24)

Señor, yo creo que tú eres el Cristo,
el Hijo de Dios vivo,
que has dicho:
"Todo es posible para los que tienen fe".
Fe tengo, ayúdame tú en lo que me falte. Señor, aumenta
mi fe. Amén.

Act of Hope

(Ps 71[70]:5-6, 3)

For you, O Lord, are my hope,
my trust, O LORD, from my youth.
Upon you I have leaned from my birth;
it was you who took me from my mother's womb.
My praise is continually of you.
For you are my rock and my fortress. Amen.

Act of Charity

(see John 21:17; 15:9-12)

Lord, you know everything.
You know well that I love you.
May I live on in your love,
keeping your commandments
to love one another as you have loved us,
that your joy may be ours and our joy may be complete.
Amen.

Act of Contrition (P)

My God,
I am sorry for my sins with all my heart.
In choosing to do wrong
and failing to do good,
I have sinned against you
whom I should love above all things.
I firmly intend, with your help,
to do penance,
to sin no more,
and to avoid whatever leads me to sin.
Our Savior Jesus Christ
suffered and died for us.
In his name, my God, have mercy. Amen.

Acto de Esperanza (H)   (Sal 71[70]:5-6, 3)

Tú, Dios mío, fuiste mi esperanza
y mi confianza, Señor, desde mi juventud.
En el vientre materno ya me apoyaba en ti,
en el seno tú me sostenías,
siempre he confiado en ti,
porque mi peña y mi alcazar eres tú. Amén.

Acto de Caridad   (Ver Jn 21:17; 15:9-12)

Señor, tú lo sabes todo; tú sabes que te quiero.
Que siempre me mantenga en ese amor
cumpliendo tus mandamientos,
amándonos unos a otros como tú nos has amado,
para que compartamos tu alegría y así nuestra alegría sea
   total. Amén.

Acto de Contrición (P)

Dios mío,
con todo mi corazón me arrepiento
de todo el mal que he hecho y de todo lo bueno que he
   dejado de hacer.
Al pecar, te he ofendido a ti,
que eres el supremo bien
y digno de ser amado sobre todas las cosas.
Propongo firmemente, con la ayuda de tu gracia,
hacer penitencia, no volver a pecar, y huir de las ocasiones
   de pecado.
Señor, por los méritos de la pasión de nuestro Salvador
   Jesucristo,
apiádate de mí. Amén.

Prayer to the Holy Spirit

Come Holy Spirit,
fill the hearts of your faithful
and kindle in them the fire of your love.

℣. Send forth your Spirit and they shall be created.
℟. And you shall renew the face of the earth.

Let us pray.
O God, you have instructed the hearts of the faithful
by the light of the Holy Spirit.
Grant that through the same Holy Spirit
we may be truly wise and rejoice in his consolation.
Through Christ our Lord. Amen.

The Angelus

℣. The Angel of the Lord declared unto Mary.
℟. And she conceived of the Holy Spirit. Hail Mary . . . .

℣. Behold the handmaid of the Lord.
℟. May it be done unto me according to your word.
Hail Mary . . . .

℣. And the Word became flesh.
℟. And dwelt among us. Hail Mary . . . .

℣. Pray for us, O Holy Mother of God.
℟. That we may be made worthy of the promises of
Christ.

Let us pray. (S)
Lord, fill our hearts with grace:
once, through the message of an angel
you revealed to us the incarnation of your Son;
now, through his suffering and death
lead us to the glory of his resurrection.
We ask this through Christ our Lord. Amen.

Oración al Espíritu Santo

Ven, Espíritu Santo,
llena los corazones de tus fieles
y enciende en ellos el fuego de tu amor.

℣. Envía tu Espíritu, Señor, y serán creados,
℟. Y renovarás la faz de la tierra.

Oremos. (M)
Oh Dios, que has iluminado los corazones de tus hijos
con la luz del Espíritu Santo,
haznos dóciles a sus inspiraciones
para gustar siempre el bien y gozar de su consuelo.
Por Jesucristo, nuestro Señor. Amén.

El Angelus

℣. El Angel del Señor anunció a María.
℟. Y ella concibió del Espíritu Santo. Dios te salve . . . .

℣. He aquí la sierva del Señor.
℟. Hágase en mí según tu palabra. Dios te salve . . . .

℣. Y el Verbo se hizo carne.
℟. Y habitó entre nosotros. Dios te salve . . . .

℣. Ruega por nosotros, santa Madre de Dios.
℟. Para que seamos dignos de alcanzar las promesas de
nuestro Señor Jesucristo.

Oremos. (M)
Derrama Señor, tu gracia sobre nosotros,
que, por el anuncio del ángel,
hemos conocido la encarnación de tu Hijo,
para que lleguemos, por su pasión y su cruz,
a la gloria de la resurrección.
Por Jesucristo nuestro Señor. Amén.

The Regina Coeli
(Said in place of the Angelus and the Salve Regina during Easter time)

℣. Queen of heaven rejoice, Alleluia.
℟. The Son whom you were privileged to bear, Alleluia.

℣. Has risen as he said, Alleluia.
℟. Pray to God for us, Alleluia.

℣. Rejoice and be glad Virgin Mary, Alleluia.
℟. For the Lord has truly risen, Alleluia.

Let us pray. (S)
God our Father,
you give joy to the world
by the resurrection of your Son, our Lord Jesus Christ.
Through the prayers of his mother, the Virgin Mary,
bring us to the happiness of eternal life.
Through Christ our Lord. Amen.

The Salve Regina

Hail, holy queen, mother of mercy, our life, our sweetness,
    and our hope.
To you we cry, poor banished children of Eve;
to you we send up our sighs, mourning and weeping in
    this valley of tears.
Turn then, O most gracious advocate, your eyes of mercy
    toward us,
and after this our exile, show unto us the blessed fruit of
    your womb, Jesus.
O clement, O loving, O sweet Virgin Mary.

℣. Pray for us holy Mother of God.
℟. That we may be made worthy of the promises of
    Christ.

El Regina Coeli
(Se dice en lugar del Angelus y la Salve durante el tiempo pascual)

℣. **Reina del cielo, alégrate, Aleluya.**

℟. **Porque Aquél que mereciste llevar en tu seno, Aleluya.**

℣. **Ha resucitado, como había dicho, Aleluya.**

℟. **Ruega a Dios por nosotros, Aleluya.**

℣. **Alégrate y regocíjate, Oh Virgen María, Aleluya.**

℟. **Porque el Señor ha resucitado verdaderamente, Aleluya.**

Oremos. (M)

Oh Dios, que por la resurrección de tu Hijo, nuestro Señor Jesucristo,
has llenado el mundo de alegría, concédenos,
por intercesión de su Madre, la Virgen María,
llegar a alcanzar los gozos eternos.
Por Jesucristo nuestro Señor. Amén.

La Salve

Dios te salve, Reina y Madre de misericordia,
vida, dulzura y esperanza nuestra; Dios te salve.
A ti llamamos los desterrados hijos de Eva;
a ti suspiramos, gimiendo y llorando
en este valle de lágrimas.
Ea, pues, Señora, abogada nuestra,
vuelve a nosotros esos tus ojos misericordiosos,
y después de este destierro,
muéstranos a Jesús, fruto bendito de tu vientre.
Oh clementísima, Oh piadosa, Oh dulce Virgen María.

℣. **Ruega por nosotros, santa Madre de Dios.**

℟. **Para que seamos dignos de alcanzar las promesas de nuestro Señor Jesucristo.**

Prayer before Meals (B)

℣. The eyes of all creatures look to you
   to give them food in due time.
℞. You give it to them, they gather it up;
   you open your hand, they have their fill.

℣. Let us call on the name of the Father,
   who always takes care of his children.
℞. Our Father . . . .

℣. Bless ✛ us, O Lord, and these your gifts
   which we are about to receive from your goodness.
   Through Christ our Lord.
℞. Amen.

Prayer after Meals (B)

℣. Let all your works praise you, O Lord.
℞. Let all your people bless you.

℣. We give you thanks for all your gifts, almighty God,
   living and reigning now and for ever.
℞. Amen.

℣. For the sake of your name, O Lord,
   reward those who have been good to us
   and give them eternal life.
℞. Amen.

℣. Lord, give all people the food they need,
   so that they may join us in giving you thanks.
℞. Amen.

Oración Antes de Comer (B)

℣. Todos esperan a que les des comida a su tiempo.

℟. Se las das, y la reciben; abres tu mano y se sacian de bienes.

℣. Invoquemos al Padre, que vela siempre por sus hijos.

℟. Padre nuestro . . . .

℣. Bendícenos, ✝ Señor, a nosotros y estos dones tuyos que vamos a tomar y que hemos recibido de tu generosidad. Por Jesucristo, nuestro Señor.

℟. Amén.

Oración Después de Comer (B)

℣. Que todas tus criaturas te den gracias, Señor.

℟. Que te bendigan tus fieles.

℣. Te damos gracias, Dios todopoderoso, por todos tus beneficios. Tú que vives y reinas por los siglos de los siglos.

℟. Amén.

℣. Señor, a todos los que por amor a ti se han hecho nuestros benefactores, dígnate recompensarlos con la vida eterna.

℟. Amén.

℣. Señor, dígnate saciar a todas las gentes con el necesario sustento, para que puedan darte gracias junto con nosotros.

℟. Amén.

Another Prayer at Meals

> We give you thanks, O Lord, for this food and drink which
> we share.
> We pray for those through whose efforts it has reached our
> table.
> for those who have prepared it and for those here to share
> it,
> and for those who, though absent from our table,
> are never absent from our hearts.
> May we all share your heavenly banquet.
> In the name of the Father, ✝ and of the Son, and of the
> Holy Spirit. Amen.

(Fr. Jorge Perales)

The Ten Commandments   (see Exod 20:1-17; Deut 5:6-21)

1. I, the Lord, am your God. You shall not have other
   gods besides me.
2. You shall not take the name of the Lord, your God, in
   vain.
3. Remember to keep holy the Sabbath day [the day of
   the Lord].
4. Honor your father and your mother.
5. You shall not kill.
6. You shall not commit adultery.
7. You shall not steal.
8. You shall not bear false witness against your neighbor.
9. You shall not covet your neighbor's wife.
10. You shall not desire your neighbor's house, nor any-
    thing that belongs to him.

Otra Oración para las Comidas

Te damos gracias, Señor, por estos alimentos que
compartimos.
Te rogamos por quienes, a través de sus esfuerzos,
los han hecho llegar hasta nuestra mesa;
por quienes los han preparado y quienes los compartimos
y por quienes, aunque ausentes de nuestra mesa,
nunca están ausentes de nuestros corazones;
que todos compartamos tu banquete celestial.
En el nombre del Padre, ✝ y del Hijo, y del
Espíritu Santo. Amén.

(P. Jorge Perales)

Los Diez Mandamientos   (Ver Ex 20:1-17; Dt 5:6-21)

1. Yo soy el Señor, tu Dios. No tendrás otros dioses
   rivales míos.
2. No pronunciarás el nombre del Señor, tu Dios, en
   falso.
3. Guarda el día del sábado [día del Señor], para
   santificarlo.
4. Honra a tu padre y a tu madre.
5. No matarás.
6. No cometerás adulterio.
7. No robarás.
8. No darás falso testimonio contra tu prójimo.
9. No pretenderás la mujer de tu prójimo.
10. No codiciarás los bienes de tu prójimo; ni nada que
    sea de él.

The Great Commandment   (Luke 10:27)

You shall love the Lord, your God, with all your heart,
with all your being, with all your strength, and with all
your mind, and your neighbor as yourself.

The New Commandment   (John 13:34)

Love one another. As I have loved you, so you also should
love one another.

Trisagion to the Most Holy Trinity

℣. Holy are you, O God, the only one, the invisible one,
   seated above the cherubim!
℟. Holy and filled with strength,
   glorified in the highest by angelic voices.

℣. Holy and immortal, the only and immaculate savior.
℟. Have mercy on us.

℣. Worthy is the Lord, our God,
   to receive glory, honor, and power.
℟. Holy, filled with strength.

℣. For all peoples will come and worship in your presence,
   O God! Saying:
℟. Holy and immortal.

℣. Blessing, honor, and glory, strength and power
   to you, our God, for ever and ever. Amen.
℟. Have mercy on us. Amen. Alleluia.

El Mandamiento Mayor (Lc 10:27)

Amarás al Señor tu Dios con todo tu corazón,
con toda tu alma, con todas tus fuerzas y con toda tu
mente.
Y a tu prójimo como a ti mismo.

El Mandamiento Nuevo (Jn 13:34)

Que se amen unos a otros;
igual que yo los he amado, ámense también entre
ustedes.

Trisagio a la Santísima Trinidad

℣. Santo eres, ¡oh Dios, único, invisible,
sentado sobre los querubines!

℟. Santo y lleno de fortaleza, que en las alturas eres
glorificado por voces angélicas.

℣. Santo e inmortal, único e inmaculado salvador.

℟. Compadécete de nosotros.

℣. Digno es el Señor, Dios nuestro, de recibir la gloria,
el honor y el poder.

℟. Santo, lleno de fortaleza.

℣. Porque todas las gentes vendrán y adorarán en tu
presencia, ¡oh Dios!, diciendo:

℟. Santo e inmortal.

℣. La bendición, el honor y la gloria, la fortaleza y el
poder a ti, nuestro Dios, por los siglos de los siglos.
Amén.

℟. Compadécete de nosotros. Amén. Aleluya.

Prayer of Charles de Foucauld to God the Father

Father, I abandon myself into your hands;
do with me as you will.
Whatever you do,
I thank you now.
I am ready for all,
I accept everything,
if only your will be done in me
and in all your creatures;
I desire nothing else, my God.
Into your hands I commend my spirit.
I give you my soul with all the love of my heart,
for I love you, my God, and so need to give,
to surrender myself without measure
and with confidence beyond all questioning
because you are my Father. Amen.

Prayer of St. Francis of Assisi to the Lord

Lord, make me an instrument of your peace.
Where there is hatred, let me sow love;
where there is injury, pardon;
where there is discord, harmony;
where there is doubt, faith;
where there is error, truth;
where there is despair, hope;
where there is sadness, joy;
where there is darkness, light.
O Divine Master, grant
that I may not so much seek to be consoled as to console;
to be understood, as to understand;
to be loved, as to love.
For it is in giving that we receive;
it is in pardoning that we are pardoned;
and it is in dying that we are born to eternal life.

Oración de Charles de Foucauld a Dios Padre

Padre, me pongo en tus manos.
Haz de mí lo que quieras.
Sea lo que fuere,
por ello te doy las gracias.
Estoy dispuesto a todo.
Lo acepto todo,
con tal que se cumpla
tu voluntad en mí
y en todas tus criaturas.
No deseo nada más, Padre.
Te encomiendo mi alma,
te la entrego con todo el amor de que soy capaz,
porque te amo y necesito darme,
ponerme en tus manos sin medida,
con infinita confianza,
porque tú eres mi Padre. Amén.

Oración de San Francisco de Asís al Señor

Señor, hazme instrumento de tu paz.
Donde hay odio, que yo siembre amor;
donde hay injuria, perdón;
donde hay discordia, unión;
donde hay duda, fe;
donde hay error, verdad;
donde hay desaliento, esperanza;
donde hay tristeza, alegría;
donde hay sombras, luz.
Oh divino Maestro, concédeme
que no busque ser consolado, sino consolar;
ser comprendido, sino comprender;
ser amado, sino amar.
Porque es dando que recibimos;
perdonando que tú nos perdonas;
y muriendo en ti que nacemos a la vida eterna.

The Prayer of St. Patrick to Christ

Christ, be with me, Christ before me, Christ behind me,
Christ in me, Christ beneath me, Christ above me,
Christ on my right, Christ on my left,
Christ where I lie, Christ where I sit, Christ where I arise,
Christ in the heart of everyone who thinks of me,
Christ in the mouth of everyone who speaks of me,
Christ in every eye that sees me,
Christ in every ear that hears me.
Salvation is of the Lord,
Salvation is of the Lord,
Salvation is of the Christ,
May your salvation, O Lord, be ever with us.

Byzantine Prayer to the Holy Spirit

Heavenly King, comforter, Spirit of truth,
Who are everywhere present and fill all things,
treasury of blessings and giver of life,
come and dwell within us,
cleanse us of all stain, and save our souls, O gracious Lord.

Oración de San Patricio a Cristo

Cristo, acompáñame; Cristo ante mí; Cristo detrás de mí;
Cristo en mí; Cristo debajo de mí; Cristo sobre mí;
Cristo a mi derecha; Cristo a mi izquierda;
Cristo cuando me acuesto; Cristo cuando me siento; Cristo
cuando me levanto;
Cristo en el corazón de quién se recuerda de mí;
Cristo en los labios de quién habla de mí;
Cristo en cada ojo que me ve;
Cristo en cada oído que me escucha.
La salvación es del Señor.
La salvación es del Señor.
La salvación es del Cristo.
Que tu salvación, oh Señor, esté siempre con nosotros.

Oración Bizantina al Espíritu Santo

Rey celestial, consolador, Espíritu de la verdad,
que estás presente en todas partes y llenas todas las cosas,
tesoro de bendiciones y dador de vida,
ven y haz tu morada en nosotros,
purifícanos de toda mancha y salva nuestras almas, oh
bondadoso Señor.

Prayer to the Blessed Virgin Mary

Holy Virgin, in the midst of all your glory,
forget not the sadness in this world.
Look kindly on those who suffer,
on those who struggle against difficulties
and cease not to feel bitterness in life.
Have pity on those who loved one another and are now
    separated.
Have pity on the lonely heart.
Have pity on the weakness of our faith.
Have pity on those whom we love.
Have pity on those who weep, on those who pray, on those
    who waver.
Give to all hope and peace. Amen.

Prayer to St. Joseph

Holy Saint Joseph, you have been like the tree blessed by
    God,
not to bear fruit, but to give shade,
protective shade to Mary, your wife,
shade to Jesus,
who called you father and to whom you surrendered
    entirely.
Your life, woven from work and silence,
teaches me, above all,
to await even in darkness, steadfast in faith.
Seven sorrows and seven joys summarize your existence:
They were the joys of Christ and Mary,
expression of the giving of yourself without boundaries.
May your example be with me at every moment:
to bloom where the will of the Father has planted me,
to know how to wait, to give of my self without reserve
until the sadness and the joy of others
become my sadness and joy. Amen.

Oración a la Santísima Virgen María

Virgen Santa, no te olvides en tu gloria de las tristezas de
la tierra.
Mira bondadosamente a aquellos que sufren,
que luchan contra las dificultades
y no cesan de beber las amarguras de la vida.
Ten piedad de los que se amaban y ahora están separados.
Ten piedad de la soledad del corazón.
Ten piedad de la debilidad de nuestra fe.
Ten piedad de quienes son objeto de nuestro cariño.
Ten piedad de los que lloran, de los que suplican, de los
que vacilan.
Da a todos la esperanza y la paz. Amén.

Oración a San José

San José, tú has sido el árbol bendito por Dios,
no para dar fruto, sino para dar sombra;
sombra protectora de María, tu esposa;
sombra de Jesús,
que te llamó padre y al que te entregaste del todo.
Tu vida, tejida de trabajo y silencio,
me enseña, sobre todo,
a esperar en la oscuridad, firme en la fe.
Siete dolores y siete gozos resumen tu existencia:
fueron los gozos de Cristo y de María,
expresión de tu donación sin límites.
Que tu ejemplo me acompañe en todo momento:
florecer donde la voluntad del Padre me ha plantado,
saber esperar,
entregarme sin reservas
hasta que la tristeza y el gozo de los demás
sean mi tristeza y mi gozo. Amén.

Prayer to the Saints

Almighty and eternal God,
whose kindness and power so excellently shows itself in
    your saints,
who are your friends and chosen ones
for having kept your holy law while they lived in this
    world!
Filled with confidence I approach your kindness to receive
    the grace I need,
to which end I place for my intercessor and protector
    Saint N.,
who is with you in joyful and eternal glory,
so that what I am not worthy to attain because of my sins,
I may obtain through his/her merits, prayers, and
efficacious intercession.
All honor and glory be yours, Lord,
who live and reign for ever and ever. Amen.

Oración a los Santos

¡Omnipotente y eterno Dios,
cuya bondad y poder tan admirablemente se manifiesta en
  tus santos,
que son tus amigos y escogidos
por haber guardado tu santa ley mientras vivían en este
  mundo!;
lleno de confianza acudo a tu bondad para obtener la gracia
  que necesito,
a cuyo fin pongo por intercesor y protector mío a San N.
(por intercesora y protectora mía a Santa N.),
que está contigo en la feliz eternidad de la gloria,
para que, lo que no soy digno de alcanzar a causa de mis
  pecados,
pueda obtenerlo por sus méritos, ruegos y eficaz
  intercesión.
Sea dado todo honor y gloria a ti, Señor,
que vives y reinas por los siglos de los siglos. Amén.

Prayer to the Guardian Angel (H)

The Lord says:
See, I am sending an angel before you, to guard you on the
way and bring you to the place I have prepared. Be atten-
tive to him and heed his voice. (Exod 23:20-21)

℣. **God gave his angels charge over you.**
℟. **To protect you in all your ways.**

Let us pray. God our Father, in loving providence
you send your holy angels to watch over us.
Hear our prayers,
defend us always by their protection
and let us share your life with them for ever.
Through Christ our Lord. Amen.

Angel of God, my guardian dear,
to whom his love commits me here,
ever this day (night) be at my side,
to light and guard, to rule and guide. Amen.

Prayer for the Departed (F)

℣. **Eternal rest grant unto them, O Lord.**
℟. **And let perpetual light shine upon them.**

℣. **May they rest in peace.**
℟. **Amen.**

℣. **May the souls of all the faithful departed,**
    through the mercy of God, rest in peace.
℟. **Amen.**

Oración al Angel de la Guarda (H)

> Dice el Señor:
> Voy a enviarte un ángel por delante,
> para que te cuide en el camino y te lleve al lugar que he
>   preparado.
> Respétalo y obedécelo. (Ex 23:20-21)

> ℣. A sus ángeles Dios ha dado órdenes.
> ℟. Para que te guarden en tus caminos.

> Oremos. Oh Dios, que en tu providencia amorosa
> te has dignado enviar para nuestra custodia a tus santos
>   ángeles,
> concédenos, atento a nuestras súplicas,
> vernos siempre defendidos por su protección
> y gozar eternamente de su compañía.
> Por Jesucristo nuestro Señor. Amén.

> Angel de la guarda,
> dulce compañía,
> no me desampares
> ni de noche ni de día. Amén.

Oración por los Difuntos (F)

> ℣. Señor, dales, el descanso eterno.
> ℟. Y brille sobre él [ella(s), ellos] la luz eterna.

> ℣. Desanse(n) en paz.
> ℟. Amén.

> ℣. Las almas de todos los fieles difuntos, por la
>   misericordia de Dios, descansen en paz.
> ℟. Amén.

Rejoice!
¡Alégrate!

PRAYER THROUGHOUT THE DAY

Let the word of Christ
dwell in you richly, as in
all wisdom you teach and
admonish one another,
singing psalms, hymns,
and spiritual songs with
gratitude in your hearts to
God. And whatever you
do, in word or in deed, do
everything in the name of
the Lord Jesus, giving
thanks to God the Father
through him. (Col 3:16-17)

ORACION DURANTE LA JORNADA

El mensaje del Mesías
habite entre ustedes
en toda su riqueza:
enséñense y aconséjense
unos
a otros lo mejor que sepan;
con agradecimiento canten
a Dios
de corazón salmos,
himnos y
cánticos inspirados;
y cualquier actividad suya,
de palabra o de obra,
háganla en honor del Señor
Jesús,
dando gracias a Dios Padre
por medio de él. (Col 3:16-17)

Morning Prayer (H)

℣. ✛ Lord, open my lips.
℟. And my mouth will proclaim your praise.

BENEDICTUS (H)   (Luke 1:68-79)
(Canticle of Zechariah)

Blessed be the Lord, the God of Israel;
  he has come to his people and set them free.
He has raised up for us a mighty savior,
  born of the house of his servant David.
Through his holy prophets he promised of old
  that he would save us from our enemies,
  from the hands of all who hate us.
He promised to show mercy to our fathers
  and to remember his holy covenant.
This was the oath he swore to our father Abraham:
  to set us free from the hands of our enemies,
  free to worship him without fear,
  holy and righteous in his sight all the days of our life.
You, my child, shall be called the prophet of the Most
    High;
  for you will go before the Lord to prepare his way,
  to give his people knowledge of salvation
  by the forgiveness of their sins.
In the tender compassion of our God
  the dawn from on high shall break upon us,
  to shine on those who dwell in darkness and the shadow
    of death,
  and to guide our feet into the way of peace.
Glory to the Father, and to the Son, and to the Holy Spirit:
as it was in the beginning, is now, and will be for ever.
  Amen.

Oración de la Mañana (H)

℣. + Señor, ábreme los labios.
℟. Y mi boca proclamará tu alabanza.

BENEDICTUS (H)   (Lc 1:68-79)
(Cántico de Zacarías)

Bendito sea el Señor, Dios de Israel,
porque ha visitado y redimido a su pueblo,
suscitándonos una fuerza de salvación
en la casa de David, su siervo,
según lo había predicho desde antiguo
por la boca de sus santos profetas.
Es la salvación que nos libra de nuestros enemigos
y de la mano de todos los que nos odian;
realizando la misericordia
que tuvo con nuestros padres,
recordando su santa alianza
y el juramento que juró a nuestro padre Abrahán.
Para concedernos que, libres de temor,
arrancados de la mano de los enemigos,
le sirvamos con santidad y justicia,
en su presencia, todos nuestros días.
Y a ti, niño, te llamarán profeta del Altísimo,
porque irás delante del Señor
a preparar sus caminos,
anunciando a su pueblo la salvación,
el perdón de sus pecados.
Por la entrañable misericordia de nuestro Dios,
nos visitará el sol que nace de lo alto,
para iluminar a los que viven en tinieblas
y en sombra de muerte,
para guiar nuestros pasos
por el camino de la paz.
Gloria al Padre y al Hijo y al Espíritu Santo.
Como era en el principio, ahora y siempre,
y por los siglos de los siglos. Amén.

INTERCESSIONS (H)

**Let us proclaim the greatness of Christ, in the unity of the
    Holy Spirit,
and let us hasten to the Father with confidence, saying:
R/. Lord, have mercy and hear us.**

**Grant us a peaceful day,
    when evening comes we will praise you with joy and
        purity of heart.
Let your splendor rest upon us today,
    direct the work of our hands.
May your face shine upon us and keep us in peace,
    may your strong arm protect us.
Look kindly on all who put their trust in our prayers,
    fill them with every bodily and spiritual grace.
Let us complete our prayer and may we begin our day
    with the words our Lord taught us: Our Father . . . (p. 2).**

PRECES (H)

Proclamemos la grandeza de Cristo, unidos en el Espíritu
Santo,
y acudamos al Padre con confianza, diciendo:
R̞. Señor, ten piedad y escúchanos.

Concédenos, Señor, un día lleno de paz, de alegría y de
inocencia,
para que, llegados a la noche, con gozo y limpios de
pecado,
podamos alabarte nuevamente.
Que baje hoy a nosotros tu bondad
y haga prósperas las obras de nuestras manos.
Muéstranos tu rostro propicio y danos tu paz,
para que durante todo el día sintamos cómo tu mano nos
protege.
Mira con bondad a cuantos se han encomendado a nuestras
oraciones
y enriquécelos con toda clase de bienes del cuerpo y del
alma.
Terminemos nuestra oración y comencemos nuestro día
con la plegaria que nos enseñó el Señor: Padre nuestro . . .
(p. 3).

PRAYER

O God, you are before all ages and exist from age to age;
you are resplendent and glorified in unsearchable light;
through your word, you bring forth light and give us a
  new day.
O radiant Day and source of all light,
we glorify you, adore you and offer you praise night and
  day;
accept our praise and answer our prayer.
Send us your abundant blessings, through the mercy of
  your Christ.
To him, with you and the Holy Spirit,
be glory, honor and power, now and for ever. Amen.

CONCLUSION (H)

✝ May the Lord bless us, protect us from all evil and
  bring us to everlasting life.
℟. Amen.

WE FLY TO YOUR PROTECTION

We fly to your protection,
O Holy Mother of God.
Despise not our petitions in our necessities,
but deliver us always from all dangers,
O glorious and blessed Virgin.

ORACION

O Dios, tú eres antes de todos los tiempos y existes de
edad en edad;
tú resplandeces y eres glorificado en la luz inescrutable;
a través de tu palabra, produces la luz y nos das un nuevo
día.
O Día radiante y fuente de toda luz,
te glorificamos, te adoramos y te ofrecemos alabanza noche
y día;
recibe nuestra alabanza y responde nuestra plegaria.
Envíanos tus bendiciones abundantes, por la misericordia
de tu Cristo.
A él, contigo y el Espíritu Santo,
sea la gloria, el honor y el poder, ahora y por siempre.
Amén.

CONCLUSION (H)

✝ El Señor nos bendiga, nos guarde de todo mal y nos
lleve a la vida eterna.
R⁄. Amén.

BAJO TU PROTECCION (H)

Bajo tu protección nos acogemos,
Santa Madre de Dios;
no deseches las súplicas
que te dirigimos en nuestras necesidades;
antes bien, líbranos siempre de todo peligro,
oh Virgen gloriosa y bendita.

Midday Prayer (H)

℣. ✝ God, come to my assistance.
℞. Lord, make haste to help me.

Glory to the Father, and to the Son, and to the Holy Spirit:
as it was in the beginning, is now, and will be for ever.
Amen.

PSALM 23(22)

The LORD is my shepherd, I shall not want.
  He makes me lie down in green pastures;
he leads me beside still waters;
  he restores my soul.
He leads me in right paths
  for his name's sake.

Even though I walk through the darkest valley,
  I fear no evil;
for you are with me;
  your rod and your staff—
  they comfort me.

You prepare a table before me
  in the presence of my enemies;
you anoint my head with oil;
  my cup overflows.
Surely goodness and mercy shall follow me
  all the days of my life,
and I shall dwell in the house of the LORD
  my whole life long.
Glory to the Father, and to the Son, and to the Holy Spirit:
as it was in the beginning, is now, and will be for ever.
  Amen.

℣. Lord, show me your ways.
℞. Teach me to walk in your footsteps.

Oración del Mediodía (H)

℣. ✝ Dios mío, ven en mi auxilio.
℟. Señor, date prisa en socorrerme.

Gloria al Padre y al Hijo y al Espíritu Santo.
Como era en el principio, ahora y siempre,
y por los siglos de los siglos. Amén.

SALMO 23(22) (H)

El Señor es mi pastor, nada me falta:
en verdes praderas me hace recostar;
me conduce hacia fuentes tranquilas
y repara mis fuerzas;
me guía por el sendero justo,
por el honor de su nombre.
Aunque camine por cañadas oscuras,
nada temo, porque tú vas conmigo:
tu vara y tu cayado me sosiegan.
Preparas una mesa ante mí,
enfrente de mis enemigos;
me unges la cabeza con perfume
y mi copa rebosa.
Tu bondad y tu misericordia me acompañan
todos los días de mi vida,
y habitaré en la casa del Señor
por años sin término.
Gloria al Padre y al Hijo y al Espíritu Santo.
Como era en el principio, ahora y siempre,
y por los siglos de los siglos. Amén.

℣. Señor, enséñame tus caminos.
℟. Haz que camine con lealtad.

PRAYER

Lord Jesus Christ, jointly you are God and man,
the almighty savior of humanity;
I invoke you, I praise you, I pray to you.
Come to me with your indulgence, with your compassion,
   and with your forgiveness.
Place in my heart the desires which only you can satisfy,
in my lips, the prayers to which only you can listen,
in my behavior, the actions which only you can bless.
Glory to you forever. Amen.

CONCLUSION

℣. ✛ May the divine assistance remain with us always.
℟. And with all our brothers and sisters.

℣. May the souls of all the faithful departed,
   through the mercy of God, rest in peace.
℟. Amen.

BLESSED FOREVER

May your purity be blessed forever,
as God delights in such graceful beauty.
To you, heavenly princess, sacred Virgin Mary,
I offer this day my soul, my life, my heart.
Look upon me with compassion, and leave me not, my
   holy Mother!

ORACION

Señor Jesucristo, tú que eres juntamente
Dios salvador de la humanidad y hombre omnipotente cabe
  Dios;
yo te invoco, te alabo y te suplico.
Acercate a mí con tu indulgencia, con tu compasión y con
  tu perdón.
Pon en mi corazón los deseos que solo tú puedes saciar;
en mis labios, las plegarias que solo tú puedes escuchar;
en mi conducta, las acciones que solo tú puedes bendecir.
A tí la gloria por los siglos. Amén.

CONCLUSION

℣. ✝ Que la asistencia divina permanezca siempre con
  nosotros.
℟. Y con todos nuestros hermanos y hermanas. Amén.

℣. Las almas de todos los fieles difuntos,
    por la misericordia de Dios, descansen en paz.
℟. Amén.

BENDITA SEA TU PUREZA

Bendita sea tu pureza y eternamente lo sea,
pues todo un Dios se recrea en tan graciosa belleza.
A ti, celestial princesa, Virgen sagrada, María,
te ofrezco en este día alma, vida y corazón.
¡Mírame con compasión! ¡No me dejes, Madre mía!

Evening Prayer (H)

℣. + O Lord our God, you are worthy
to receive glory and honor and power,
for ever and ever.

℟. Amen.

MAGNIFICAT (H)   (Luke 1:46-55)
(Canticle of Mary)

My soul proclaims the greatness of the Lord,
my spirit rejoices in God my Savior
for he has looked with favor on his lowly servant.
From this day all generations will call me blessed:
the Almighty has done great things for me,
and holy is his Name.
He has mercy on those who fear him
in every generation.
He has shown the strength of his arm,
he has scattered the proud in their conceit.
He has cast down the mighty from their thrones,
and has lifted up the lowly.
He has filled the hungry with good things,
and the rich he has sent away empty.
He has come to the help of his servant Israel
for he has remembered his promise of mercy,
the promise he made to our fathers,
to Abraham and his children for ever.
Glory to the Father, and to the Son, and to the Holy Spirit:
as it was in the beginning, is now, and will be for ever.
Amen.

Oración de la Tarde (H)

℣. ✝ Eres digno, Señor, Dios nuestro,
de recibir la gloria, el honor y el poder,
ahora y siempre y por los siglos de los siglos.
℟. Amén.

MAGNIFICAT (H)   (Lc 1:46-55)
(Cántico de María)

Proclama mi alma la grandeza del Señor,
se alegra mi espíritu en Dios, mi salvador;
porque ha mirado la humillación de su esclava.
Desde ahora me felicitarán todas las generaciones,
porque el Poderoso ha hecho obras grandes por mí:
su nombre es santo,
y su misericordia llega a sus fieles
de generación en generación.
El hace proezas con su brazo:
dispersa a los soberbios de corazón,
derriba del trono a los poderosos
y enaltece a los humildes,
a los hambrientos los colma de bienes
y a los ricos los despide vacíos.
Auxilia a Israel, su siervo,
acordándose de la misericordia
—como lo había prometido a nuestros padres—
en favor de Abrahán y su descendencia por siempre.
Gloria al Padre y al Hijo y al Espíritu Santo.
Como era en el principio, ahora y siempre,
y por los siglos de los siglos. Amén.

INTERCESSIONS (H)

God has made an everlasting covenant with his people,
 and he never ceases to bless them.
  Grateful for these gifts, we confidently direct our prayer
   to him:
R̊. We beseech you, hear us.

Save your people, Lord,
 and bless your inheritance.
Gather into one body all who bear the name of Christian,
 that the world may believe in Christ whom you have
  sent.
Give our friends and our loved ones a share in divine life,
 let them be symbols of Christ before all people.
Show your love to those who are suffering,
 open their eyes to the vision of your revelation.
Be compassionate to those who have died,
 welcome them into the company of the faithful departed.
Let us complete our prayer
 with the words the Lord has taught us: Our Father . . .
  (p. 2).

PRAYER

We give you thanks, O God,
through your Son, Jesus Christ, our Lord,
for having enlightened us
by revealing to us the incorruptible light.
Having ended the course of this day
and reached the edge of night,
having been filled by the light of day
which you create for our joy,
we now possess, through your kindness,
the evening light.
Therefore do we praise you and glorify you
through your Son, Jesus Christ, our Lord.
Through him be glory yours, power and honor,
with the Holy Spirit, now and always
and for ever and ever. Amen.

PRECES (H)

Demos gracias a Dios, nuestro Padre, que,
recordando siempre su santa alianza, no cesa de
  bendecirnos,
y digámosle con ánimo confiado:
Ry. Te rogamos, óyenos.

Salva a tu pueblo, Señor,
  y bendice tu heredad.
Congrega en la unidad a todos los cristianos,
  para que el mundo crea en Cristo, tu enviado.
Derrama tu gracia sobre nuestros familiares y amigos:
  que difundan en todas partes la fragancia de Cristo.
Muestra tu amor a los agonizantes:
  que puedan contemplar tu salvación.
Ten piedad de los que han muerto
  y acógelos en el descanso de Cristo.
Terminemos nuestra oración
  con las palabras que nos enseñó el Señor: Padre nuestro
  . . . (p. 3).

ORACION

Te damos gracias, oh Dios,
por tu Hijo, Jesucristo, nuestro Señor,
por habernos iluminado
revelándonos la luz incorruptible.
Al terminar el curso de este día
y llegar a los linderos de la noche,
habiendo sido saciados por la luz del día
que tú has creado para nuestro gozo,
por tu bondad,
poseémos la luz de la tarde.
Por eso te alabamos y te glorificamos
por tu Hijo, Jesucristo, nuestro Señor.
Por él, te sea la gloria, el poder y el honor,
con el Espíritu Santo,
ahora y siempre y por los siglos de los siglos. Amén.

CONCLUSION (S)

✝ May the peace of God, which is beyond all
understanding,
guard our hearts and our thoughts
in the knowledge and the love of God and of his Son Jesus
Christ, our Lord.
℟. Amen.

THE MEMORARE

Remember, O most gracious Virgin Mary,
that never was it known that any one who fled to your
protection,
implored your help, or sought your intercession was left
unaided.
Inspired with this confidence,
I fly to you, O virgin of virgins, my Mother.
To you I come, before you I stand, sinful and sorrowful.
O Mother of the Word Incarnate,
despise not my petitions,
but in your mercy, hear and answer me. Amen.

CONCLUSION (H)

✝ La paz de Dios, que sobrepasa todo juicio,
custodie nuestros corazones y nuestros pensamientos
en el conocimiento y el amor de Dios y de su Hijo
  Jesucristo, nuestro Señor.
R̶∕. Amén.

EL MEMORARE

Acuerdate, oh piadosísima Virgen María,
que jamás se ha oído decir que uno solo
de cuantos han acudido a tu protección e implorado tu
  socorro,
haya sido desamparado.
Yo, pecador, animado con tal confianza acudo a ti,
oh Madre, Virgen de las vírgenes,
a ti vengo, delante de ti me presento gimiendo.
No quieras, oh Madre de Dios, despreciar mis palabras;
antes bien, óyelas benignamente y cúmplelas. Amén.

Night Prayer (H)

℣. ✝ God, come to my assistance.

℟. Lord, make haste to help me.

Glory to the Father, and to the Son, and to the Holy Spirit:
as it was in the beginning, is now, and will be for ever.
   Amen.

EXAMINATION OF CONSCIENCE (H)

Having come to the end of this day which God has granted
      us,
we humbly acknowledge our sins.
I confess to almighty God
   and to you, my brothers and sisters
   that I have sinned through my own fault
   in my thoughts and in my words,
   in what I have done,
   and in what I have failed to do;
   and I ask blessed Mary, ever virgin,
   all the angels and saints,
   and you, my brothers and sisters,
   to pray for me to the Lord our God.
May almighty God have mercy on us,
forgive us our sins, and bring us to everlasting life.
℟. Amen.

HYMN

May nothing disturb you,
nothing affright you,
everything will pass,
God never changes.
Patience
attains all;
whoever has God
lacks nothing;
only God suffices.

Oracion de la Noche (H)

℣. ✛ Dios mío, ven en mi auxilio.
℟. Señor, date prisa en socorrerme.

Gloria al Padre y al Hijo y al Espíritu Santo.
Como era en el principio, ahora y siempre,
por los siglos de los siglos. Amén.

EXAMEN DE CONCIENCIA (H)

Llegados al fin de esta jornada que Dios nos ha concedido,
reconozcamos humildemente nuestros pecados.
Yo confieso ante Dios todopoderoso
  y ante ustedes, hermanos,
  que he pecado mucho
  de pensamiento, palabra, obra y omisión.
  Por mi culpa, por mi culpa, por mi gran culpa.
Por eso ruego a santa María, siempre Virgen,
  a los ángeles, a los santos
  y a ustedes, hermanos,
  que intercedan por mí ante Dios, nuestro Señor.
Dios todopoderoso tenga misericordia de nosotros,
perdone nuestros pecados y nos lleve a la vida eterna.
℟. Amén.

HIMNO

Nada te turbe,
nada te espante,
todo se pasa,
Dios no se muda.
La paciencia
todo lo alcanza;
quien a Dios tiene
nada le falta;
sólo Dios basta.

PSALM 91(90)

You who live in the shelter of the Most High,
   who abide in the shadow of the Almighty,
will say to the LORD, "My refuge and my fortress;
   my God, in whom I trust."
For he will deliver you from the snare of the fowler
   and from the deadly pestilence;
he will cover you with his pinions,
   and under his wings you will find refuge;
   his faithfulness is a shield and buckler.
You will not fear the terror of the night,
   or the arrow that flies by day,
or the pestilence that stalks in darkness,
   or the destruction that wastes at noonday.

A thousand may fall at your side,
   ten thousand at your right hand,
   but it will not come near you.
You will only look with your eyes
   and see the punishment of the wicked.

Because you have made the LORD your refuge,
   the Most High your dwelling place,
no evil shall befall you,
   no scourge come near your tent.

For he will command his angels concerning you
   to guard you in all your ways.
On their hands they will bear you up,
   so that you will not dash your foot against a stone.
You will tread on the lion and the adder,
   the young lion and the serpent you will trample under foot.

Those who love me, I will deliver;
   I will protect those who know my name.
When they call to me, I will answer them;
   I will be with them in trouble,
   I will rescue them and honor them.
With long life I will satisfy them
   and show them my salvation.

SALMO 91(90) (H)

Tú que habitas al amparo del Altísimo,
  que vives a la sombra del Omnipotente,
  di al Señor: "Refugio mío, alcázar mío,
  Dios mío, confío en ti".
El te librará de la red del cazador,
  de la peste funesta.
  Te cubrirá con sus plumas,
  bajo sus alas te refugiarás:
  su brazo es escudo y armadura.
No temerás el espanto nocturno,
  ni la flecha que vuela de día,
  ni la peste que se desliza en las tinieblas,
  ni la epidemia que devasta a mediodía.
Caerán a tu izquierda mil,
  diez mil a tu derecha;
  a ti no te alcanzará.
Nada más mirar con tus ojos,
  verás la paga de los malvados,
  porque hiciste del Señor tu refugio,
  tomaste al Altísimo por defensa.
No se te acercará la desgracia,
  ni la plaga llegará hasta tu tienda,
  porque a sus ángeles ha dado ordenes
  para que te guarden en tus caminos;
te llevarán en sus palmas,
  para que tu pie no tropiece en la piedra;
  caminarás sobre áspides y víboras,
  pisotearás leones y dragones.
"Se puso junto a mí: lo libraré;
  lo protegeré porque conoce mi nombre,
  me invocará y lo escucharé.
Con el estaré en la tribulación,
  lo defenderé, lo glorificaré,
  lo saciaré de largos días
  y le haré ver mi salvación".

Glory to the Father, and to the Son, and to the Holy Spirit: as it was in the beginning, is now, and will be for ever. Amen.

READING   (Rev 22:4-5)

They will look upon his face, and his name will be on their foreheads. Night will be no more, nor will they need light from lamp or sun, for the Lord God shall give them light, and they shall reign forever and ever.

RESPONSORY (H)

℟. Into your hands, Lord, I commend my spirit.

℣. You have redeemed us, Lord, God of truth.
℟. I commend my spirit.

℣. Glory to the Father, and to the Son, and to the Holy Spirit.
℟. Into your hands, Lord, I commend my spirit.

ANTIPHON (H)

Protect us, Lord, as we stay awake; watch over us as we sleep, that awake, we may keep watch with Christ, and asleep, rest in his peace.

Gloria al Padre y al Hijo y al Espíritu Santo.
Como era en el principio, ahora y siempre,
y por los siglos de los siglos. Amén.

LECTURA   (Ap 22:4-5)

Verán al Señor cara a cara y llevarán su nombre en la
  frente.
Ya no habrá más noche, ni necesitarán luz de lámpara o del
  sol,
porque el Señor Dios irradiará luz sobre ellos,
y reinarán por los siglos de los siglos.

RESPONSORIO (H)

R꙳. A tus manos, Señor, encomiendo mi espíritu.

V꙳. Tú, el Dios leal, nos librarás.
R꙳. Encomiendo mi espíritu.

V꙳. Gloria al Padre y al Hijo y al Espíritu Santo.
R꙳. A tus manos, Señor, encomiendo mi espíritu.

ANTIFONA (H)

Sálvanos, Señor despiertos, protégenos mientras dormimos,
para que velemos con Cristo y descansemos en paz.

NUNC DIMITTIS (H)   (Luke 2:29-32)
(Canticle of Simeon)

Lord, now you let your servant go in peace;
   your word has been fulfilled:
my own eyes have seen the salvation
   which you have prepared in the sight of every people:
a light to reveal you to the nations
   and the glory of your people Israel.
Glory to the Father, and to the Son, and to the Holy Spirit:
as it was in the beginning, is now, and will be for ever.
   Amen.

PRAYER (H)

Visit this house,
we beg you, Lord,
and banish from it
the deadly power of the evil one.
May your holy angels dwell here
to keep us in peace,
and may your blessing be always upon us.
We ask this through Christ our Lord. Amen.

CONCLUSION (H)

✝ **May the all-powerful Lord grant us a restful night and a**
   peaceful death.
℞. **Amen.**

Hail, holy queen . . . (p. 10).
(From Easter Sunday until Pentecost Sunday the Regina Coeli
  [p. 10] is said in place of the Hail, Holy Queen.)

NUNC DIMITTIS (H) (Lc 2:29-32)
(Cántico de Simeón)

Ahora, Señor, según tu promesa,
  puedes dejar a tu siervo irse en paz.
Porque mis ojos han visto a tu Salvador,
  a quien has presentado ante todos los pueblos:
luz para alumbrar a las naciones
  y gloria de tu pueblo Israel.
Gloria al Padre y al Hijo y al Espíritu Santo.
Como era en el principio, ahora y siempre,
y por los siglos de los siglos. Amén.

ORACION (H)

Visita, Señor, esta habitación:
aleja de ella las insidias del enemigo;
que tus santos ángeles habiten en ella y nos guarden en
  paz,
y que tu bendición permanezca siempre con nosotros.
Por Jesucristo, nuestro Señor. Amén.

CONCLUSION (H)
✝ **El Señor todopoderoso nos conceda una noche tranquila**
  y una muerte santa.
R̿. **Amén.**

Dios te salve, Reina y Madre de misericordia . . . (p. 11).
(Desde el domingo de Pascua de Resurrección hasta el domingo
  de Pentecostés en lugar de la Salve se dice el Regina Coeli,
  p. 11.)

• MISERERE •

THE WAY
OF THE CROSS

Christ also suffered for you,
leaving you an example
that you should follow in
his footsteps.

"He committed no sin,
and no deceit was found
in his mouth."

When he was insulted, he
returned no insult; when
he suffered, he did not
threaten; instead, he handed
himself over to the one
who judges justly. He himself bore our sins in his
body upon the cross, so
that, free from sin, we
might live for righteous-
ness. By his wounds you
have been healed.
(1 Pet 2:21-24)

EL VIA CRUCIS

Cristo sufrió por ustedes,
dejándoles un modelo
para que sigan sus huellas.
"El no cometió pecado
ni encontraron mentira en
sus labios";
cuando lo insultaban
no devolvía el insulto,
mientras padecía no profería
amenazas;
al contrario, se ponía en
manos
del que juzga rectamente.
El en su persona
subió nuestros pecados a la
cruz,
para que nosotros muramos
a los pecados
y vivamos para la
honradez:
"sus llagas nos curaron".
(I Pe 2:21-24)

Prayer to Jesus Christ Crucified (S)

> Good and gentle Jesus,
> I kneel before you.
> I see and I ponder your five wounds.
> My eyes behold what David prophesied about you:
> "They have pierced my hands and feet;
> they have counted all my bones."
>
> Engrave on me this image of yourself.
> Fulfill the yearnings of my heart:
> give me faith, hope, and love,
> repentance for my sins,
> and true conversion of life. Amen.

First Station: Jesus Is Condemned to Death

> ℣. We adore you, O Christ, and we praise you.
> ℟. Because by your holy cross you have redeemed the
> world.

> **From Saint Matthew:** (27:22-23, 26)
> Pilate said to them, "Then what shall I do with Jesus
> called Messiah?" They all said, "Let him be crucified!"
> But he said, "Why? What evil has he done?" They only
> shouted louder, "Let him be crucified!" Then he released
> Barabbas to them, but after he had Jesus scourged, he
> handed him over to be crucified.

> ℣. God did not spare his own Son.
> ℟. But handed him over for the sake of us all.

(see Rom 8:32)

Oración a Cristo Crucificado

Mírame aquí, oh bondadoso y dulcísimo Jesús,
postrado de rodillas en tu divina presencia,
para pedirte y rogarte, con todo el fervor de mi alma,
que te dignes grabar en mi corazón
los más vivos sentimientos de fe, esperanza y caridad;
un verdadero arrepentimiento de mis culpas,
y un propósito firme de enmendarme de ellas,
mientras que yo,
con el más grande afecto y dolor contemplo tus cinco
   llagas,
teniendo presente, oh Jesús mío,
lo que ya de antemano anunciaba de ti el profeta David:
Han traspasado mis manos y pies,
y han contado todos mis huesos. Amén.

Primera Estación: Jesús Condenado a Muerte

℣. Te adoramos, oh Cristo, y te bendecimos.
℟. Porque por tu santa cruz redimiste al mundo.

De San Mateo: (27:22-23, 26)
Pilato les preguntó:
"Y ¿qué hago con Jesús, a quien llaman Mesías?"
Contestaron todos:
"¡Que lo crucifiquen!"
Pilato repuso:
"¿Por qué? ¿qué ha hecho de malo?"
Ellos gritaban más y más:
"¡Que lo crucifiquen!"
Entonces les soltó a Barrabás;
y a Jesús, después de mandarlo azotar,
lo entregó para que lo crucificaran.

℣. Dios no se reservó a su propio Hijo.
℟. Sino que lo entregó por todos nosotros. (Ver Rm 8:32)

Second Station: Jesus Carries His Cross

℣. We adore you, O Christ, and we praise you.

℟. Because by your holy cross you have redeemed the world.

From Saint John: (19:16-17, 19)

Then he handed him over to them to be crucified. So they took Jesus, and carrying the cross himself he went out to what is called the Place of the Skull, in Hebrew, Golgotha. Pilate also had an inscription written and put on the cross. It read, "Jesus the Nazorean, the King of the Jews."

℣. "Whoever wishes to come after me."

℟. "Must deny himself, take up his cross, and follow me." (Matt 16:24)

Third Station: Jesus Falls the First Time

℣. We adore you, O Christ, and we praise you.

℟. Because by your holy cross you have redeemed the world.

From the prophet Isaiah: (53:4-5)

Yet it was our infirmities that he bore,
  our sufferings that he endured,
While we thought of him as stricken,
  as one smitten by God and afflicted.
But he was pierced for our offenses,
  crushed for our sins;
Upon him was the chastisement that makes us whole,
  by his stripes we were healed.

℣. Happy those whose way is blameless,
  who walk by the teaching of the LORD.

℟. May my ways be firm
  in the observance of your laws! (Ps 119[118]:1, 5)

Segunda Estación: Jesús Carga con Su Cruz

℣. Te adoramos, oh Cristo, y te bendecimos.

℟. Porque por tu santa cruz redimiste al mundo.

De San Juan: (19:16-17, 19)

Entonces, al fin, se lo entregó para que lo crucificaran.

Y con eso se hicieron cargo de Jesús.

El, llevando a cuestas su cruz,

salió para un lugar que llamaban la Calavera (en améo, Gólgota).

Pilato mandó también escribir un letrero y ponerlo en la cruz;

decía: Jesús Nazareno, el Rey de los Judíos.

℣. "El que quiera venirse conmigo"

℟. "Que reniegue de sí mismo, que cargue con su cruz y entonces me siga". (Mt 16:24)

Tercera Estación: Jesús Cae por Primera Vez

℣. Te adoramos, oh Cristo, y te bendecimos.

℟. Porque por tu santa cruz redimiste al mundo.

Del Profeta Isaías: (53:4-5)

A él, que soportó nuestros sufrimientos

y cargó con nuestros dolores,

lo tuvimos por un contagiado,

herido de Dios y afligido.

El, en cambio, fue traspasado por nuestras rebeliones,

triturado por nuestros crímenes.

Sobre él descargó el castigo que nos sana

y con sus cicatrices nos hemos curado.

℣. Dichoso el que, con vida intachable, camina según la voluntad del Señor.

℟. Ojalá esté firme mi camino para cumplir tus consignas. (Sal 119[118]:1, 5)

Fourth Station: Jesus Meets His Mother

℣. We adore you, O Christ, and we praise you.

℟. Because by your holy cross you have redeemed the
world.

From the Lamentations: (1:10, 16, 12)
The foe stretched out his hand
  to all her treasures.
"At this I weep,
  my eyes run with tears.
Come, all you who pass by the way,
  look and see
Whether there is any suffering like my suffering."

℣. "Your father and I have been looking for you with
great anxiety."   (Luke 2:48, 49)

℟. "Did you not know that I must be in my Father's
house?"

Fifth Station: Jesus Is Helped by Simon

℣. We adore you, O Christ, and we praise you.

℟. Because by your holy cross you have redeemed the
world.

From Saint Mark: (15:21)
They pressed into service a passer-by, Simon, a Cyrenian,
who was coming in from the country, the father of
Alexander and Rufus, to carry his cross.

℣. "Whatever you did for one of these least brothers of
mine."

℟. "You did for me."   (Matt 25:40)

Sixth Station: Jesus' Face Is Wiped by Veronica

℣. We adore you, O Christ, and we praise you.

℟. Because by your holy cross you have redeemed the
world.

Cuarta Estación: Jesús Encuentra a Su Madre

℣. Te adoramos, oh Cristo, y te bendecimos.

℟. Porque por tu santa cruz redimiste al mundo.

De las Lamentaciones: (1:10, 16, 12)

El enemigo ha echado mano a todos sus tesoros.

"Por eso estoy llorando, mis ojos se deshacen en agua"

"Ustedes, los que pasan por el camino, miren, fígense,
¿Hay dolor como mi dolor?"

℣. "Hijo, ¡mira con que angustia te (cf. Lc 2:48, 49)
buscaba!"

℟. "¿No sabías que yo tenía que estar en los asuntos de
mi Padre?"

Quinta Estación: Jesús es Ayudado por Simón

℣. Te adoramos, oh Cristo, y te bendecimos.

℟. Porque por tu santa cruz redimiste al mundo.

De San Marcos: (15:21)

Pasaba por allí de vuelta del campo
un tal Simón de Cirene,
el padre de Alejandro y de Rufo,
y lo forzaron a llevar la cruz.

℣. "Cada vez que lo hicieron con uno de estos hermanos
míos".

℟. "Lo hicieron conmigo". (Mt 25:40)

Sexta Estación: Jesús Encuentra a la Veronica

℣. Te adoramos, oh Cristo, y te bendecimos.

℟. Porque por tu santa cruz redimiste al mundo.

From the prophet Isaiah: (52:14; 53:2-3)
Even as many were amazed at him—
 so marred was his look beyond that of man,
 and his appearance beyond that of mortals.
There was in him no stately bearing to make us look at him,
 nor appearance that would attract us to him.
He was spurned and avoided by men,
 a man of suffering, accustomed to infirmity,
One of those from whom men hide their faces,
 spurned, and we held him in no esteem.

℣. Rely on the mighty LORD.
℟ Constantly seek his face.   (Ps 105[104]:4)

Seventh Station: Jesus Falls the Second Time

℣. We adore you, O Christ, and we praise you.
℟. Because by your holy cross you have redeemed the
 world.

From the prophet Isaiah: (53:6-7, 8)
We had all gone astray like sheep,
 each following his own way;
But the LORD laid upon him
 the guilt of us all.
Though he was harshly treated, he submitted
 and opened not his mouth;
Like a lamb led to the slaughter
 or a sheep before the shearers,
 he was silent and opened not his mouth.
 Smitten for the sin of his people.

℣. Steady my feet in accord with your promise.
℟. Do not let iniquity lead me. (Ps 119[118]:133)

Eighth Station: Jesus Meets the Women of Jerusalem

℣. We adore you, O Christ, and we praise you.
℟. Because by your holy cross you have redeemed the
 world.

Del Profeta Isaías   (52:14; 53:2-3)
Como muchos se espantaron de él,
porque desfigurado no parecía hombre
ni tenía aspecto humano.
No tenía presencia ni belleza que atrajera nuestras miradas
ni aspecto que nos cautivara.
Despreciado y evitado de la gente,
un hombre hecho a sufrir, curtido en el dolor;
al verlo se tapaban la cara;
despreciado, lo tuvimos por nada.

℣. Recurran al Señor y a su poder.
℟. Busquen continuamente su rostro.   (Sal 105[104]:4)

Séptima Estación: Jesús Cae por Segunda Vez

℣. Te adoramos, oh Cristo, y te bendecimos.
℟. Porque con tu santa cruz redimiste al mundo.

Del Profeta Isaías: (53:6-7, 8)
Todos errábamos como ovejas,
cada uno por su lado,
y el Señor cargó sobre él todos nuestros crímines.
Maltratado aguantaba, no abría la boca,
como cordero llevado al matadero,
como oveja muda ante el esquilador, no abría la boca.
Por los pecados de mi pueblo lo hirieron.

℣. Asegura mis pasos con tu promesa.
℟. Que ninguna maldad me domine.   (Sal 119[118]:133)

Octava Estación: Jesús Habla a Las Mujeres

℣. Te adoramos, oh Cristo, y te bendecimos.
℟. Porque por tu santa cruz redimiste al mundo.

From Saint Luke: (23:27-28, 31)
A large crowd of people followed Jesus, including many
women who mourned and lamented him. Jesus turned to
them and said: "Daughters of Jerusalem, do not weep for
me; weep instead for yourselves and for your children.
If these things are done when the wood is green what will
happen when it is dry?"

℣. The Son of Man did not come to be served but to serve.
℟. And to give his life as a ransom for many.   (Matt 20:28)

Ninth Station: Jesus Falls the Third Time

℣. We adore you O Christ, and we praise you.
℟. Because by your holy cross you have redeemed the
    world.

From the prophet Isaiah: (63:1-3, 5)
Who is this that comes from Edom,
    in crimsoned garments, from Bozrah—
This one arrayed in majesty,
    marching in the greatness of his strength? . . .
Why is your apparel red,
    and your garments like those of the wine presser?

"The wine press I have trodden alone,
    and of my people there was no one with me.

I looked about, but there was no one to help,
    I was appalled that there was no one to lend support;
So my own arm brought about the victory."

℣. How beautiful upon the mountains
    are the feet of him who brings glad tidings.
℟. Announcing peace, bearing good news,
    announcing salvation.   (Isa 52:7)

De San Lucas: (23:27-28, 31)
Lo seguía gran gentío del pueblo
y muchas mujeres que se golpeaban el pecho
y gritaban lamentandose por él.
Jesús se volvió hacia ellas y les dijo:
"Mujeres de Jerusalén, no lloren por mí;
lloren mejor por ustedes y por sus hijos.
Porque si con el leño verde hacen esto,
con el seco, ¿qué irá a pasar?"

℣. "El Hijo del Hombre no ha venido a que le sirvan, sino a servir".

℞. "Y a dar su vida en rescate por todos". (cf. Mt 20:28)

Novena Estación: Jesus Cae por Tercera Vez

℣. Te adoramos, oh Cristo, y te bendecimos.
℞. Porque por tu santa cruz redimiste al mundo.

Del Profeta Isaías: (63:1-3, 5)
¿Quién es ese que viene de Edom,
de Bosra, con las ropas enrojecidas?
¿Quién es ese vestido de gala que avanza lleno de fuerza?
¿Por qué están rojos tus vestidos,
y la túnica como el que pisa el lagar?
"Yo solo he pisado el lagar y de otros pueblos nadie me
ayudaba.
Miraba sin encontrar un ayudante,
espantado al no haber quién me apoyara;
pero mi brazo me dió la victoria".

℣. ¡Qué hermoso son sobre los montes los pies del
heraldo que anuncia la paz!

℞. ¡Qué trae la buena nueva, que pregona
la victoria! (Is 52:7)

Tenth Station: Jesus Is Stripped of His Garments

℣. We adore you, O Christ, and we praise you.

℟. Because by your holy cross you have redeemed the
world.

From Saint John: (19:23-24)
When the soldiers had crucified Jesus, they took his clothes
and divided them into four shares, a share for each soldier.
They also took his tunic, but this tunic was seamless,
woven in one piece from the top down. So they said to one
another, "Let's not tear it, but cast lots for it to see whose
it will be," in order that the passage of scripture might be
fulfilled [that says]: "They divided my garments among
them, and for my vesture they cast lots."

℣. All you who were baptized into Christ.

℟. Have clothed yourselves with Christ.   (Gal 3:27)

Eleventh Station: Jesus Is Nailed to the Cross

℣. We adore you, O Christ, and we praise you.

℟. Because by your holy cross you have redeemed the
world.

From Saint Luke: (23:33-34)
When they came to the place called the Skull, they
crucified him and the criminals there, one on his right, the
other on his left. [Then Jesus said, "Father, forgive them,
they know not what they do."]

℣. "Once I am lifted up from earth, I will draw all [men]
to myself."

℟. This statement indicated the sort of death he had to
die.   (cf. John 12:32)

Décima Estación: Jesús es Despojado de sus Vestidos

℣. Te adoramos, oh Cristo, y te bendecimos.

℟. Porque por tu santa cruz redimiste al mundo.

De San Juan: (19:23-24)
Cuando crucificaron a Jesús,
los soldados repartieron su ropa en cuatro lotes,
uno para cada uno, dejando aparte la túnica.
Era una túnica sin costura, tejida de una pieza de arriba
abajo.
Los soldados se dijeron:
"Mejor que dividirla en pedazos la echaremos a suerte,
a ver a quién toca".
Así se cumplió la escritura:
"Se repartieron mi ropa y echaron a suerte mi túnica".

℣. Todos, al ser bautizados en Cristo.

℟. Se revistieron de Cristo. (cf. Gal 3:27)

Undécima Estación: Jesús es Clavado en la Cruz

℣. Te adoramos, oh Cristo, y te bendecimos.

℟. Porque por tu santa cruz redimiste al mundo.

De San Lucas: (23:33-34)
Cuando llegaron al lugar llamado "La Calavera,"
los crucificaron allí, a él y a los malhechores,
uno a su derecha y el otro a su izquierda.
Jesús decía:
"Padre, perdónalos, que no saben lo que hacen".

℣. "Cuando me levanten de la tierra, atraeré a todos hacia
mí".

℟. Decía esto dando a entender cómo iba a morir. (Jn 12:32)

Twelfth Station: Jesus Dies on the Cross

℣. We adore you, O Christ, and we praise you.

℟. Because by your holy cross you have redeemed the world.

From Saint John: (19:29-30)
There was a vessel filled with common wine. So they put a sponge soaked in wine on a sprig of hyssop and put it up to his mouth. When Jesus had taken the wine, he said, "It is finished." And bowing his head, he handed over the spirit.

℣. "Unless a grain of wheat falls to the ground and dies, it remains just a grain of wheat."

℟. "But if it dies, it produces much fruit."   (John 12:24)

Thirteenth Station: Jesus Is Taken Down from the Cross

℣. We adore you, O Christ, and we praise you.

℟. Because by your holy cross you have redeemed the world.

From the prophet Zechariah: (cf. 12:10, 11; 13:1)
They shall look on him whom they have thrust through, and they shall mourn for him as one mourns for an only son, and they shall grieve over him as one grieves over a first-born. On that day the mourning in Jerusalem shall be great. On that day there shall be open a fountain to purify from sin and uncleanness.

℣. My lover has come down to his garden, to the beds of spice.

℟. I have come to my garden . . . ;
I gather my myrrh and my spices.   (Cant 6:2; 5:1)

Duodécima Estación: Jesús Muere en la Cruz

℣. Te adoramos, oh Cristo, y te bendecimos.
℞. Porque por tu santa cruz redimiste al mundo.

De San Juan: (19:29-30)
Había allí un jarro con vinagre.
Sujetando a una caña de hisopo una esponja empapada en
  el vinagre,
se la acercaron a la boca;
cuando tomó el vinagre dijo Jesús:
"Queda terminado".
Y, reclinando la cabeza, entregó el espíritu.

℣. "Si el grano de trigo cae en tierra y no muere, queda
  infecundo".
℞. "En cambio, si muere, da fruto abundante". (Jn 12:24-25)

Decimatercera Estación: Jesús es Bajado de la Cruz

℣. Te adoramos, oh Cristo, y te bendecimos.
℞. Porque por tu santa cruz redimiste al mundo.

Del Profeta Zacarías: (12:10, 11; 13:1)
Al mirarme traspasado por ellos mismos,
harán duelo como por un hijo único,
Y llorarán como se llora a un primogénito.
Aquel día el luto de Jerusalén será grande.
Aquel día se alumbrará un manantial contra los pecados e
  impurezas.

℣. Ha bajado mi amado a su jardín.
℞. "Ya vengo a mi jardín, a recoger el bálsamo y la mirra".

(Cant 6:2; 5:1)

Fourteenth Station: Jesus Is Laid in the Tomb

℣. We adore you, O Christ, and we praise you.

℟. Because by your holy cross you have redeemed the world.

From Saint John: (19:38-42)

After this, Joseph of Arimathea, secretly a disciple of Jesus for fear of the Jews, asked Pilate if he could remove the body of Jesus. And Pilate permitted it. So he came and took his body. Nicodemus, the one who had first come to him at night, also came bringing a mixture of myrrh and aloes weighing about one hundred pounds. They took the body of Jesus and bound it with burial cloths along with the spices, according to the Jewish burial custom. Now in the place where he had been crucified there was a garden, and in the garden a new tomb, in which no one had yet been buried. So they laid Jesus there because of the Jewish preparation day; for the tomb was close by.

℣. We who were baptized into Christ Jesus.

℟. Were baptized into his death.

℣. We were indeed buried with him.

℟. Through baptism into death.

℣. So that, just as Christ was raised from the dead by the glory of the Father.

℟. We too might live in newness of life.

℣. For if we have grown into union with him through a death like his.

℟. We shall also be united with him in the resurrection.

Decimacuarta Estación: Jesús es Puesto en el Sepulcro

℣. Te adoramos, oh Cristo, y te bendecimos.

℞. Porque por tu santa cruz redimiste al mundo.

De San Juan: (19:38-42)
José de Arimatea, discípulo de Jesús,
pero clandestino por miedo a las autoridades judías,
le pidió a Pilato que le dejara quitar el cuerpo.
Pilato lo autorizó.
El fue y quitó el cuerpo de Jesús.
Fue también Nicodemo,
aquel que la primera vez había ido a verlo de noche,
llevando unas cien libras de una mezcla de mirra y áloe.
Tomaron el cuerpo de Jesús y lo vendaron de arriba abajo
echándole aromas, como acostumbraban a enterrar los
    judíos.
En el sitio donde lo crucificaron había un huerto,
y en el huerto un sepulcro nuevo donde todavía no habían
    enterrado a nadie.
Como para los judíos era día de preparativos y el sepulcro
estaba cerca,
pusieron allí a Jesús.

℣. A todos nosotros, al bautizarnos vinculándonos a Cristo
    Jesús.
℞. Nos bautizaron vinculándonos a su muerte.

℣. Aquel bautismo que nos vinculaba a su muerte.
℞. Nos sepultó con él.

℣. Para que, así como Cristo fue resucitado de la muerte
    por el poder del Padre.
℞. También nosotros empezáramos una vida nueva.

℣. Si por el bautismo hemos quedado incorporados a su
    muerte.
℞. Ciertamente también lo estaremos a su resurrección.

℣. We know that Christ, raised from the dead, dies no
   more.
℟. Death no longer has power over him.   (Rom 6:3, 4, 5, 9)

Concluding Prayer

Lord Jesus Christ,
Let your body, then, be our salvation,
and your blood, forgiveness of our sins.
Because of the gall you drank for us,
take from us the devil's gall.
Because of the sour wine you drank for us,
let our weakness be changed into strength.
In place of the spittle you accepted for us,
may we receive the dew of your kindness.
And in place of the reed with which you were struck for
   us,
may we receive the perfect dwelling.
In place of the crown of thorns you accepted for us,
let an immortal crown be given to those who have loved
   you.
In place of the shroud in which you were buried,
may we too be clad in invincible power.
In place of the new tomb and your sepulcher,
may we receive the renewal of soul and body.
For you rose and returned to life.
When we return to life,
we will live and stand before you at the just judgment!
Amen.

℣. Sabemos que Cristo resucitado de la muerte no muere ya más.

℞. Que la muerte no tiene dominio sobre él.

(cf. Rm 6:3, 4, 5, 9)

Oración Final

Señor Jesucristo
¡Sea tu cuerpo nuestra salvación!
¡Y tu sangre, la liberación de nuestras faltas!
Por la hiel que bebiste a causa nuestra,
aléjese la hiel del demonio.
Por el vinagre que bebiste a causa nuestra,
encuentre su fuerza nuestra debilidad.
Por los salivazos que a causa nuestra recibiste,
el rocío de tu bondad nos cubra.
Por la caña con que fuiste golpeado,
se nos asegura la victoria final.
Por la corona tejida de espinas,
has hecho merezcamos una corona imperecedera.
Por el sudario en que fuiste envuelto,
revístenos con tu invencible poder.
Por la nueva tumba y por tu sepultura
volveremos a nacer en alma y cuerpo.
Por tu resurrección llamándonos a la vida
reviviremos y nos mantendremos derechos ante tu justicia.
  Amén.

SALVE REGINA

THE HOLY ROSARY

"Blessed are you who be-
lieved that what was
spoken to you by the Lord
would be fulfilled."

And Mary said:

"My soul proclaims the
greatness of the Lord;
my spirit rejoices in God
my savior.
For he has looked upon his
handmaid's lowliness;
behold, from now on will
all ages call me
blessed."
(Luke 1:45-48)

EL SANTO ROSARIO

"¡Diochosa tú, que has
creído!
Porque lo que te han dicho
de parte del Señor se
cumplirá".
Entonces dijo María:
Proclama mi alma la
grandeza del Señor,
se alegra mi espíritu en
Dios
mi Salvador,
porque se ha fijado
en su humilde esclava.
Pues mira, desde ahora
me felicitarán todas las
generaciones.
(Lc 1:45-48)

How to Pray the Rosary

+   On the cross: The Apostles' Creed.
●   On the single bead: The Our Father.
●   On the three beads: The Hail Mary on each one.
●
●   On the last   The Glory be to the Father
    of the three beads: after the Hail Mary.

Repeat the following steps for each decade (mystery):
●   On the single beads: Announce the mystery.
                        Read the meditation.
                        Say the Our Father.
●   On the ten beads: The Hail Mary on each one.
●
●
●
●
●
●
●
●   On the last
    of the ten beads: The Glory be to the Father
                       after the Hail Mary.
    The Salve Regina (Hail Holy Queen) is said after the last decade
    (mystery).

It is the custom to pray:

The Joyful Mysteries: On Monday and Thursday.
                        On Sundays of Advent, Christmas,
                        and Epiphany.
                        Every day of the Octave of Christmas.

The Sorrowful Mysteries: On Tuesday and Friday.
                        On the Sundays of Lent.
                        Every day of Holy Week.

The Glorious Mysteries: On Wednesday and Saturday.
                        On Sundays of Easter and Ordinary time.
                        Every day of the Octave of Easter.

Como Rezar el Rosario

+ En la cruz: El Credo de los Apóstoles
● En la cuenta separada: El Padre Nuestro
● En las cuentas juntas: El Ave María en cada una.
●
● En la última El Gloria al Padre
   de las cuentas juntas: después del Ave María.

Se repiten los siguientes pasos para cada decena (misterio):
● En la cuenta separada: Se anuncia el misterio.
                             Se hace la meditación.
                             Se dice el Padre Nuestro.
● En las Diez cuentas
● juntas: El Ave María en cada una.
●
●
●
●
●
● En la última de las
   diez cuentas juntas: El Gloria al Padre
                           después del Ave María.
Al terminar la quinta decena (misterio), se dice La Salve.

Se acostumbra a rezar:

Los misterios Gozosos: Los lunes y jueves.
                          Los Domingos de Adviento, Navidad
                          y Epifanía.
                          Todos los días de la Octava de
                          Navidad.

Los misterios Dolorosos: Los martes y viernes.
                          Los Domingos de Cuaresma.
                          Todos los días de Semana Santa.

Los misterios Gloriosos: Los miércoles y sabados.
                          Los Domingos de Pascua y del Tiempo
                          Ordinario.
                          Todos los días de la Octava Pascual.

Opening Prayer (H)

℣. ✝ O pure and holy Virgin,
how can I find words to praise your beauty?
℟. The highest heavens cannot contain God
whom you carried in your womb.

℣. Blessed are you among women,
and blessed is the fruit of your womb.
℟. The highest heavens cannot contain God
whom you carried in your womb.

Let us pray. (B)
Grant, O Lord, we pray
that, in reciting the rosary,
your faithful may confidently seek the help of Mary.
As they meditate on the mysteries of Christ Jesus,
help them to affirm by their actions
the truths they treasure in their prayer.
We ask this through Christ our Lord. Amen.

The Joyful Mysteries

FIRST JOYFUL MYSTERY: THE ANNUNCIATION

From Saint Luke: (1:30-31)
Then the angel said to her, "Do not be afraid, Mary, for
you have found favor with God. Behold, you will conceive
in your womb and bear a son, and you shall name him
Jesus."

SECOND JOYFUL MYSTERY: THE VISITATION

From Saint Luke: (1:41-43)
When Elizabeth heard Mary's greeting, the infant leaped in
her womb, and Elizabeth, filled with the holy Spirit, cried
out in a loud voice and said, "Most blessed are you among
women, and blessed is the fruit of your womb. And how
does this happen to me, that the mother of my Lord should
come to me?"

Oración Inicial (H)

℣. ✝ No sé con qué alabanzas ensalzarte,
oh santa e inmaculada virgen.
℞. Porque llevaste en tu seno
al que los cielos no pueden abarcar.

℣. Bendita tú entre las mujeres,
y bendito el fruto de tu vientre.
℞. Porque llevaste en tu seno
al que los cielos no pueden abarcar.

Oremos. (B)
Te pedimos,
Dios todopoderoso,
que tus fieles, al recitar devotamente el rosario,
imploren confiadamente la protección de la Virgen María
y, meditando asiduamente los misterios de Jesucristo,
los reproduzcan en su vida.
Por Jesucristo, nuestro Señor. Amén.

Los Misterios Gozosos

PRIMER MISTERIO GOZOSO: LA ANUNCIACION
De San Lucas: (1:30-31)
El ángel dijo:
"Tranquilízate, María, que Dios te ha concedido su favor.
Pues, mira, vas a concebir, darás a luz un hijo y le pondrás
de nombre Jesús".

SEGUNDO MISTERIO GOZOSO: LA VISITACION
De San Lucas: (1:41-43)
En cuanto oyó Isabel el saludo de María,
la criatura dió un salto en su vientre.
Llena del Espíritu Santo,
dijo Isabel con fuerte voz:
"¡Bendita tú entre las mujeres y bendito el fruto de tu
vientre!
¿Quién soy yo para que me visite la madre de mi Señor?"

THIRD JOYFUL MYSTERY: THE BIRTH OF JESUS

From Saint Luke: (2:10-12)
The angel said to them, "Do not be afraid; for behold, I proclaim to you good news of great joy that will be for all people. For today in the city of David a savior has been born for you who is Messiah and Lord. And this will be a sign for you: you will find an infant wrapped in swaddling clothes and lying in a manger."

FOURTH JOYFUL MYSTERY: THE PRESENTATION IN THE TEMPLE

From Saint Luke: (2:22, 33-35)
When the days were completed for their purification according to the law of Moses, they took him up to Jerusalem to present him to the Lord. The child's father and mother were amazed at what was said about him; and Simeon blessed them and said to Mary his mother, "Behold, this child is destined for the fall and rise of many in Israel, and to be a sign that will be contradicted (and you yourself a sword will pierce) so that the thoughts of many hearts may be revealed."

TERCER MISTERIO GOZOSO: EL NACIMIENTO DE JESUS

De San Lucas: (2:10-12)

El ángel dijo:

"Tranquilícense, miren que les traigo una buena noticia,
una gran alegría, que lo será para todo el pueblo:
hoy, en la ciudad de David,
les ha nacido un salvador: el Mesías, el Señor.
Y les doy esta señal:
Encontrarán un niño envuelto en pañales y acostado en un
  pesebre".

CUARTO MISTERIO GOZOSO:
LA PRESENTACION EN EL TEMPLO

De San Lucas: (2:22, 33-35)

Cuando llegó el tiempo de que se purificaran,
conforme a la Ley de Moisés,
llevaron a Jesús a Jerusalén para presentarlo al Señor.
Su padre y su madre estaban admirados por lo que se decía
  del niño.
Simeón los bendijo, y dijo a María, su madre:
"Mira, este está para que todos en Israel caigan o se
  levanten;
será una bendera discutida,
mientras que a ti una espada te traspasará el corazón;
así quedará patente lo que todos piensan".

FIFTH JOYFUL MYSTERY: THE FINDING IN THE TEMPLE

From Saint Luke: (2:46, 48-49)
After three days they found him in the temple, sitting in
the midst of the teachers, listening to them and asking
them questions. When his parents saw him, they were
astonished, and his mother said to him, "Son, why have
you done this to us? Your father and I have been looking
for you with great anxiety." And he said to them, "Why
were you looking for me? Did you not know that I must be
in my Father's house?"

The Sorrowful Mysteries

FIRST SORROWFUL MYSTERY:
THE AGONY IN THE GARDEN

From Saint Luke: (22:39, 41-43)
Then going out he went, as was his custom, to the Mount
of Olives, and the disciples followed him. After withdraw-
ing about a stone's throw from them and kneeling, he
prayed, saying, "Father, if you are willing, take this cup
away from me; still, not my will but yours be done." [And
to strengthen him an angel from heaven appeared to him.]

SECOND SORROWFUL MYSTERY:
THE SCOURGING OF JESUS

From Saint Mark: (15:15)
So Pilate, wishing to satisfy the crowd, released Barabbas
to them and, after he had Jesus scourged, handed him over
to be crucified.

QUINTO MISTERIO GOZOSO:
EL NIÑO HALLADO EN EL TEMPLO

De San Lucas: (2:46, 48-49)

**A los tres días lo encontraron, por fin, en el templo,
sentado en medio de los maestros,
escuchándolos y haciéndoles preguntas.
Al verlo se quedaron extrañados,
y le dijo su madre:
"Hijo, ¿por qué te has portado así con nosotros?
¡Mira con que angustia te buscábamos tu padre y yo!"
El les contestó:
"¿Por qué me buscaban?
¿No sabían que yo tenía que estar en la casa de mi Padre?"**

Los Misterios Dolorosos

PRIMER MISTERIO DOLOROSO:
LA AGONIA EN EL HUERTO

De San Lucas: (22:39, 41-43)

**Salió entonces y se dirigió,
como de costumbre, al monte de los Olivos.
Se puso a orar de rodillas diciendo:
"Padre, si quieres, aparta de mí este trago;
sin embargo, que no se realice mi designio, sino el tuyo".
Se le apareció un ángel del cielo que lo animaba.**

SEGUNDO MISTERIO DOLOROSO: LOS AZOTES A JESUS

De San Marcos: (15:15)

**Pilato, queriendo dar satisfacción a la gente,
les soltó a Barrabás,
y a Jesús lo entregó
para que lo azotaran y lo crucificaran.**

THIRD SORROWFUL MYSTERY:
THE CROWNING WITH THORNS

From Saint Mark: (15:16, 17)
**The soldiers led him away inside the palace, that is, the
praetorium . . . . They clothed him in purple and, weav-
ing a crown of thorns, placed it on him.**

FOURTH SORROWFUL MYSTERY:
THE CARRYING OF THE CROSS

From Saint John: (19:16-17)
**Then he handed him over to them to be crucified. So they
took Jesus, and carrying the cross himself he went out to
what is called the Place of the Skull, in Hebrew, Golgotha.**

FIFTH SORROWFUL MYSTERY: THE CRUCIFIXION

From Saint John: (19:23, 25-28, 30)
**When the soldiers had crucified Jesus, they took his clothes
and divided them into four shares, a share for each soldier.
Standing by the cross of Jesus were his mother and his
mother's sister, Mary the wife of Clopas, and Mary of
Magdala. When Jesus saw his mother and the disciple there
whom he loved, he said to his mother, "Woman, behold
your son." Then he said to the disciple, "Behold, your
mother." And from that hour the disciple took her into his
home.**

**After this, aware that everything was now finished, in
order that the scripture might be fulfilled, Jesus said, "I
thirst." When Jesus had taken the wine, he said, "It is finished." And bowing his head, he handed over the spirit.**

TERCER MISTERIO DOLOROSO:
LA CORONACION DE ESPINAS

De San Marcos: (15:16, 17)

**Los soldados se lo llevaron al interior del palacio.
Lo vistieron de purpura,
le pusieron una corona de espino que habían trenzado.**

CUARTO MISTERIO DOLOROSO: LA CRUZ A CUESTAS

De San Juan: (19:16-17)

**Entonces, al fin, Pilato se lo entregó para que lo
  crucificaran.
Y con eso se hicieron cargo de Jesús.
El, llevando a cuestas su propia cruz,
salió para un lugar que llamaban la Calavera (en arameo,
  Gólgota).**

QUINTO MISTERIO DOLOROSO: LA CRUCIFICCION

De San Juan: (19:23, 25-28, 30)

**Cuando crucificaron a Jesús,
los soldados repartieron su ropa en cuatro lotes,
uno para cada uno.
Estaban junto a la cruz de Jesús su madre;
la hermana de su madre, María de Cleofás, y María
  Magdalena.
Al ver a su madre y a su lado al discípulo preferido,
dijo Jesús:
"Mujer, ese es tu hijo"
Y luego al discípulo:
"Esa es tu madre".
Desde entonces el discípulo la tuvo en su casa.
Después de esto, sabiendo Jesús que todo quedaba ter-
minado,
para que se terminara de cumplir la Escritura, dijo:
"Tengo sed".
Cuando tomó el vinagre dijo Jesús:
"Queda terminado".
Y, reclinando la cabeza, entregó el espíritu.**

The Glorious Mysteries

FIRST GLORIOUS MYSTERY: THE RESURRECTION

From Saint Matthew: (28:1, 5-7)
After the Sabbath, as the first day of the week was dawn-
ing, Mary Magdalene and the other Mary came to see the
tomb. Then the angel said to the women . . . : "Do not be
afraid! I know that you are seeking Jesus the crucified. He
is not here, for he has been raised just as he said. Come
and see the place where he lay. Then go quickly and tell
his disciples."

SECOND GLORIOUS MYSTERY: THE ASCENSION

From the Acts of the Apostles: (1:9-11)
As they were looking on, he was lifted up, and a cloud
took him from their sight. While they were looking in-
tently at the sky as he was going, suddenly two men
dressed in white garments stood beside them. They said,
"Men of Galilee, why are you standing there looking at the
sky? This Jesus who has been taken up from you into
heaven will return in the same way as you have seen him
going into heaven."

Los Misterios Gloriosos

PRIMER MISTERIO GLORIOSO: LA RESURRECCION

De San Mateo: (28:1, 5-7)
Pasado el sábado, al amanecer del primer día de la semana,
María Magdalena y la otra María fueron a ver el sepulcro.
El ángel habló a las mujeres:
"Ustedes no teman.
Ya sé que buscan a Jesús el crucificado;
no está aquí, ha resucitado, como había dicho.
Vayan a ver el sitio donde yacía,
y después vayan aprisa a decir a sus discípulos que ha
resucitado".

SEGUNDO MISTERIO GLORIOSO: LA ASCENSION

De los Hechos de los Apóstoles: (1:9-11)
Vieron subir a Jesús,
hasta que una nube lo ocultó a sus ojos.
Mientras miraban fijos al cielo viéndolo irse,
se les presentaron dos hombres vestidos de blanco que les
dijeron:
"Galileos, ¿qué hacen ahí plantados mirando al cielo?
El mismo Jesús que se han llevado de aquí al cielo,
volverá como lo han visto ustedes marcharse".

THIRD GLORIOUS MYSTERY:
THE DESCENT OF THE HOLY SPIRIT

From the Acts of the Apostles: (2:1-4)
**When the time for Pentecost was fulfilled, they were all in
one place together. And suddenly there came from the sky
a noise like a strong driving wind, and it filled the entire
house in which they were. Then there appeared to them
tongues as of fire, which parted and came to rest on each
one of them. And they were all filled with the holy Spirit
and began to speak in different tongues, as the Spirit ena-
bled them to proclaim.**

FOURTH GLORIOUS MYSTERY:
THE ASSUMPTION OF MARY

From First Thessalonians: (4:13, 14, 16)
**We do not want you to be unaware, brothers, about those
who have fallen asleep. For if we believe that Jesus died
and rose, so too will God, through Jesus, bring with him
those who have fallen asleep. For the Lord himself, with a
word of command, with the voice of an archangel and with
the trumpet of God, will come down from heaven, and the
dead in Christ will rise first.**

TERCER MISTERIO GLORIOSO:
LA LLEGADA DEL ESPIRITU SANTO

De los Hechos de los Apóstoles: (2:1-4)
Al llegar el día de Pentecostés
estaban todos reunidos en el mismo lugar.
De repente un ruido del cielo, como de viento recio,
resonó en toda la casa donde se encontraban,
y vieron aparecer unas lenguas como de fuego
que se repartían posándose encima de cada uno.
Se llenaron todos del Espíritu Santo
y empezaron a hablar en diferentes lenguas,
según el Espíritu les concedía expresarse.

CUARTO MISTERIO GLORIOSO:
LA ASUNCION DE MARIA

De la Primera a los Tesalonicenses: (4:13, 14, 16)
No queremos que ignoren la suerte de los que mueren.
¿No creemos que Jesús murió y resucitó?
Pues también a los que han muerto,
Dios, por medio de Jesús, los llevará con él.
Pues cuando se dé la orden,
a la voz del arcángel y al son de la trompeta celeste,
el Señor en persona bajará del cielo;
primero resucitarán los cristianos difuntos.

FIFTH GLORIOUS MYSTERY:
THE CORONATION OF MARY

From Second Timothy: (4:7-8)
I have competed well; I have finished the race; I have kept the faith. From now on the crown of righteousness awaits me, which the Lord, the just judge, will award to me on that day, and not only for me, but to all who have longed for his appearance.

Concluding Prayer

(FOR THE JOYFUL MYSTERIES):
Hail, holy queen . . . (p. 10).
Let us pray. (H)
Father,
you gave the human race eternal salvation
through the motherhood of the Virgin Mary.
May we experience the help of her prayers in our lives,
for through her we received the very source of life,
your Son, our Lord Jesus Christ,
who lives and reigns with you and the Holy Spirit,
one God, for ever and ever. Amen.

QUINTO MISTERIO GLORIOSO:
LA CORONACION DE MARIA

De la Segunda a Timoteo: (4:7-8)
He competido la noble lucha,
he corrido hasta la meta,
me he mantenido fiel.
Ahora me aguarda la merecida corona con la que el
**   Señor,**
juez justo, me premiará el ultimo día;
y no solo a mí, sino también a todos los que anhelan su
**   venida.**

Oración Final

(PARA LOS MISTERIOS GOZOSOS):
Dios te salve, Reina y Madre . . . (p. 11).
Oremos. (H)
Dios todopoderoso,
que por la maternidad virginal de María
entregaste a los hombres los bienes de la salvación,
concédenos experimentar la intercesión materna
de la que nos ha dado a tu Hijo Jesucristo,
el autor de la vida.
Que vive y reina contigo en la unidad del Espíritu Santo
y es Dios por los siglos de los siglos. Amén.

(FOR THE SORROWFUL MYSTERIES):

Hail, holy queen . . . (p. 10).
Let us pray. (S)
Father,
as your Son was raised on the cross,
his mother Mary stood by him, sharing his sufferings.
May your Church be united with Christ
in his suffering and death
and so come to share in his rising to new life,
where he lives and reigns with you and the Holy Spirit,
one God, for ever and ever. Amen.

(FOR THE GLORIOUS MYSTERIES):

Hail, holy queen . . . (p. 10).
Let us pray. (H)
God our Father,
you give joy to the world
by the resurrection of your Son,
our Lord Jesus Christ.
Through the prayers of his mother, the Virgin Mary,
bring us to the happiness of eternal life.
We ask this through our Lord Jesus Christ,
your Son,
who lives and reigns with you
and the Holy Spirit,
one God, for ever and ever. Amen.

(PARA LOS MISTERIOS DOLOROSOS):

Dios te salve, Reina y Madre . . . (p. 11).
Oremos. (M)
Señor,
tú has querido que la Madre compartiera
los dolores de tu Hijo al pie de la cruz;
haz que la Iglesia,
asociándose con María a la pasión de Cristo,
merezca participar de su resurrección.
Por nuestro Señor Jesucristo, tu Hijo,
que contigo vive y reina,
en la unidad del Espíritu Santo
y es Dios por los siglos de los siglos. Amén.

(PARA LOS MISTERIOS GLORIOSOS):

Dios te salve, Reina y Madre . . . (p. 11).
Oremos. (H)
Oh Dios,
que por la resurrección de tu Hijo,
nuestro Señor Jesucristo, has llenado al mundo de alegría,
concédenos, por intercesión de su Madre, la Virgen María,
llegar a alcanzar los gozos eternos.
Por nuestro Señor Jesucristo tu Hijo,
que contigo vive y reina,
en la unidad del Espíritu Santo
y es Dios por los siglos de los siglos. Amén.

En
conmemoración
mía.

In remembrance of me.

THE MOST HOLY EUCHARIST

The Lord Jesus, on the
night he was handed over,
took bread, and after he
had given thanks, broke it
and said, "This is my body
that is for you. Do this in
remembrance of me." In
the same way also the cup,
after supper, saying, "This
cup is the new covenant in
my blood. Do this, as often
as you drink it, in remembrance of me." For as often
as you eat this bread and
drink the cup, you proclaim
the death of the Lord until
he comes. (1 Cor 11:23-26)

LA SANTISIMA EUCARISTIA

El Señor Jesús, la noche
en que iban a entregarlo,
tomó un pan, dío gracias,
lo partió y dijo:
"Esto es mi cuerpo,
que se entrega por ustedes;
hagan lo mismo en
memoria mía".
Después de cenar,
hizo igual con la copa,
diciendo:
"Esta copa es la nueva
alianza
sellada con mi sangre;
cada vez que beban,
hagan lo mismo en
memoria mía".
Y de hecho,
cada vez que comen de
ese pan
y beben de esa copa,
proclaman la muerte del
Señor,
hasta que vuelva.
(1 Cor 11:23-26)

THE ORDER OF THE MASS (S)

Introductory Rites

Priest: **In the name of the Father, and of the Son, and of the Holy Spirit.**
   All: **Amen.**

Priest: **The Lord be with you.**
   All: **And also with you.**

PENITENTIAL RITE

I

**I confess to almighty God,
and to you, my brothers and sisters,
that I have sinned through my own fault
in my thoughts and in my words,
in what I have done,
and in what I have failed to do;
and I ask blessed Mary, ever virgin,
all the angels and saints,
and you, my brothers and sisters,
to pray for me to the Lord our God.**

Pr.: **May almighty God . . . and bring us to everlasting life.**
All: **Amen.**

II
Pr.: **Lord, we have sinned against you: Lord have mercy.**
All: **Lord have mercy.**

Pr.: **Lord, show us your mercy and love.**
All: **And grant us your salvation**

Pr.: **May almighty God . . . and bring us to everlasting life.**
All: **Amen.**

ORDINARIO DE LA MISA (M)

Ritos Iniciales

> Sacerdote: **En el nombre del Padre, y del Hijo, y del Espíritu Santo.**
> Todos: **Amén.**

> Sacerdote: **El Señor esté con vosotros.**
> Todos: **Y con tu espíritu.**

ACTO PENITENCIAL

I

Yo confieso ante Dios todopoderoso
y ante vosotros, hermanos,
que he pecado mucho
de pensamiento, palabra, obra y omisión.
Por mi culpa, por mi culpa, por mi gran culpa.
Por eso ruego a santa María, siempre Virgen,
a los ángeles, a los santos
y a vosotros, hermanos,
que intercedáis por mí ante Dios, nuestro Señor.

Sac.: **Dios todopoderoso . . . y nos lleve a la vida eterna.**
Tds.: **Amén.**

II

Sac.: **Señor, ten misericordia de nosotros.**
Tds.: **Porque hemos pecado contra ti.**

Sac.: **Muéstranos, Señor, tu misericordia.**
Tds.: **Y danos tu salvación.**

Sac.: **Dios todopoderoso . . . y nos lleve a la vida eterna.**
Tds.: **Amén.**

III

Deacon: **You . . .**
        Lord, have mercy.
   All: **Lord, have mercy.**

Deacon: **You . . .**
        Christ, have mercy.
   All: **Christ, have mercy.**

Deacon: **You . . .**
        Lord, have mercy.
   All: **Lord, have mercy.**

   Priest: **May almighty God . . . and bring us to everlasting life.**
   All: **Amen.**

KYRIE

℣. **Lord, have mercy.**
℟. **Lord, have mercy.**

℣. **Christ, have mercy.**
℟. **Christ, have mercy.**

℣. **Lord, have mercy.**
℟. **Lord, have mercy.**

GLORIA

Glory to God in the highest,
  and peace to his people on earth.
Lord God, heavenly King,
almighty God and Father,
  we worship you, we give you thanks,
  we praise you for your glory.
Lord Jesus Christ, only Son of the Father,

III

Diácono: **Tú que . . .**
   Señor, ten piedad.
  Todos: **Señor, ten piedad.**

Diácono: **Tú que . . .**
   Cristo, ten piedad.
  Todos: **Cristo, ten piedad.**

Diácono: **Tú que . . .**
   Señor, ten piedad.
  Todos: **Señor, ten piedad.**

   Sac.: **Dios todopoderoso . . . y nos lleve a la vida eterna.**
  Todos: **Amén.**

KYRIE

℣. **Señor, ten piedad.**
℟. **Señor, ten piedad.**

℣. **Cristo, ten piedad.**
℟. **Cristo, ten piedad.**

℣. **Señor, ten piedad.**
℟. **Señor, ten piedad.**

GLORIA

Gloria a Dios en el cielo,
y en la tierra paz a los hombres
que ama el Señor.
Por tu inmensa gloria
te alabamos,
te bendecimos,
te adoramos,
te glorificamos,
te damos gracias,
Señor Dios, Rey celestial,
Dios Padre todopoderoso.

Lord God, Lamb of God,
you take away the sin of the world:
  have mercy on us;
you are seated at the right hand of the Father:
  receive our prayer.
For you alone are the Holy One,
you alone are the Lord
you alone are the Most High,
  Jesus Christ,
  with the Holy Spirit,
  in the glory of God the Father. Amen.

Pr.: **Let us pray . . . for ever and ever.**
All: **Amen.**

Liturgy of the Word

READINGS

Lector: **A reading from . . . .**
       The word of the Lord.
  All: **Thanks be to God.**

GOSPEL

Deacon: **The Lord be with you.**
  All: **And also with you.**

Deacon: **A reading from the holy Gospel according to N.**
  All: **Glory to you, Lord.**

Deacon: **The Gospel of the Lord.**
  All: **Praise to you, Lord Jesus Christ.**

HOMILY

Señor, Hijo único, Jesucristo.
Señor Dios, Cordero de Dios, Hijo del Padre;
tú que quitas el pecado del mundo,
ten piedad de nosotros.
tú que quitas el pecado del mundo,
atiende nuestra súplica;
tú que estás sentado a la derecha del Padre,
ten piedad de nosotros;
porque solo tú eres Santo,
solo tú Señor, solo tú Altísimo, Jesucristo,
con el Espíritu Santo en la gloria de Dios Padre. Amén.

Sac.: **Oremos . . . por los siglos de los siglos.**
Tds.: **Amén.**

Liturgia de la Palabra

LECTURAS

Lector: **Lectura de . . .**
Palabra de Dios.
Todos: **Te alabamos, Señor.**

EVANGELIO

Diácono: **El Señor esté con vosotros.**
Todos: **Y con tu espíritu.**

Diácono: **Lectura del santo Evangelio según San N.**
Todos: **Gloria a ti, Señor.**

Diácono: **Palabra del Señor.**
Todos: **Gloria a ti, Señor Jesús.**

HOMILIA

CREED

I (Nicene Creed)

We believe in one God,
   the Father, the Almighty,
   maker of heaven and earth,
   of all that is seen and unseen.

We believe in one Lord, Jesus Christ,
   the only Son of God,
   eternally begotten of the Father,
   God from God, Light from Light,
   true God from true God,
   begotten, not made, one in Being with the Father.
   Through him all things were made.
   For us men and for our salvation
      he came down from heaven:

   by the power of the Holy Spirit
      he was born of the Virgin Mary, and became man. }(bow)
   For our sake he was crucified under Pontius Pilate;
      he suffered, died, and was buried.
      On the third day he rose again
         in fulfilment of the Scriptures;
      he ascended into heaven
         and is seated at the right hand of the Father.
   He will come again in glory to judge the living and
         the dead,
      and his kingdom will have no end.

We believe in the Holy Spirit, the Lord, the giver of life,
   who proceeds from the Father and the Son.
   With the Father and the Son he is worshiped and glorified.

CREDO

I (Credo niceno-constantinopolitano)
Creo en un solo Dios,
Padre todopoderoso,
Creador del cielo y de la tierra,
de todo lo visible y lo invisible.
Creo en un solo Señor, Jesucristo,
Hijo único de Dios,
nacido del Padre antes de todos los siglos:
Dios de Dios, Luz de luz,
Dios verdadero de Dios verdadero,
engendrado, no creado,
de la misma naturaleza del Padre,
por quien todo fue hecho;
que por nosotros, los hombres,
y por nuestra salvación bajó del cielo,
y por obra del Espíritu Santo ⎫
se encarnó de María, la ⎬ (inclinación)
   Virgen, y se hizo hombre; ⎭
y por nuestra causa fue crucificado
en tiempos de Poncio Pilato:
padeció y fue sepultado,
y resucitó al tercer día, según las Escrituras,
y subió al cielo,
y está sentado a la derecha del Padre;
y de nuevo vendrá con gloria
para juzgar a vivos y muertos,
y su reino no tendrá fin.
Creo en el Espíritu Santo,
Señor y dador de vida,
que procede del Padre y del Hijo,
que con el Padre y el Hijo
recibe una misma adoración y gloria,
y que habló por los profetas.

He has spoken through the Prophets.
We believe in one holy catholic and apostolic Church.
We acknowledge one baptism for the forgiveness of sins.
We look for the resurrection of the dead,
and the life of the world to come. Amen.

II (Apostle's Creed)
I believe in God, the Father almighty,
creator of heaven and earth.

I believe in Jesus Christ, his only Son, our Lord.
He was conceived by the power of the Holy Spirit
and born of the Virgin Mary. } (bow)
He suffered under Pontius Pilate,
was crucified, died, and was buried.
He descended to the dead.
On the third day he rose again.
He ascended into heaven,
and is seated at the right hand of the Father.
He will come again to judge the living
and the dead.

I believe in the Holy Spirit,
the holy catholic Church,
the communion of saints,
the forgiveness of sins,
the resurrection of the body,
and the life everlasting. Amen.

THE PRAYER OF THE FAITHFUL
Deacon
or Lector: **We pray to the Lord.**
All: **Lord, hear our prayer** (or another response).

Priest: **Through Christ our Lord.**
All: **Amen.**

Creo en la Iglesia,
que es una, santa, católica y apostólica.
Confieso que hay un solo bautismo
para el perdón de los pecados.
Espero la resurrección de los muertos
y la vida del mundo futuro. Amén.

II (Credo de los Apóstoles)
Creo en Dios, Padre todopoderoso,
Creador del cielo y de la tierra.
Creo en Jesucristo, su único Hijo, nuestro Señor,
que fue concebido por obra y gracia del
  Espíritu Santo,   (inclinación)
nació de santa María Virgen,
padeció bajo el poder de Poncio Pilato,
fue crucificado, muerto y sepultado,
descendió a los infiernos,
al tercer día resucitó de entre los muertos,
subió a los cielos
y está sentado a la derecha de Dios, Padre todopoderoso.
Desde allí ha de venir a juzgar a vivos y muertos.
Creo en el Espíritu Santo,
la santa Iglesia católica,
la comunión de los santos,
el perdón de los pecados,
la resurrección de la carne y la vida eterna. Amén.

ORACION DE LOS FIELES
Diácono
o Lector: **Roguemos al Señor.**
  Todos: **Señor, escúchanos** (u otra respuesta).

    Sac.: **Por Jesucristo nuestro Señor.**
  Todos: **Amén.**

Eucharistic Liturgy

PREPARATION OF THE GIFTS

Pr.: **Blessed are you, Lord, God of all creation . . . .**
It will become for us the bread of life.
All: **Blessed be God for ever.**

Pr.: **Blessed are you, Lord, God of all creation . . . .**
It will become our spiritual drink.
All: **Blessed be God for ever.**

Pr.: **Pray, brethren . . . may be acceptable to God, the**
almighty Father.
All: **May the Lord accept the sacrifice at your hands**
for the praise and glory of his name,
for our good, and the good of all his Church.

Pr.: **We ask this through Christ our Lord.**
All.: **Amen.**

EUCHARISTIC PRAYER

Pr.: **The Lord be with you.**
All: **And also with you.**

Pr.: **Lift up your hearts.**
All: **We lift them up to the Lord.**

Pr.: **Let us give thanks to the Lord our God.**
All: **It is right to give him thanks and praise.**

Pr.: **Father, it is our duty and our salvation . . .**
in proclaiming your glory as we say:
All: **Holy, holy, holy Lord, God of power and might,**
heaven and earth are full of your glory.
Hosanna in the highest.
Blessed is he who comes in the name of the Lord.
Hosanna in the highest.

Liturgia Eucarística

PRESENTACION DE LAS OFRENDAS

Sac.: **Bendito seas, Señor, Dios del universo . . .**
él será para nosotros pan de vida.
Tds.: **Bendito seas por siempre, Señor.**

Sac.: **Bendito seas, Señor, Dios del universo . . .**
él será para nosotros bebida de salvación.
Tds.: **Bendito seas por siempre, Señor.**

Sac.: **Orad, hermanos . . . sea agradable a Dios, Padre**
todopoderoso.
Tds.: **El Señor reciba de tus manos este sacrificio,**
para alabanza y gloria de su nombre,
para nuestro bien y el de toda su santa Iglesia.

Sac.: **Por Jesucristo nuestro Señor.**
Tds.: **Amén.**

PLEGARIA EUCARISTICA

Sac.: **El Señor esté con vosotros.**
Tds.: **Y con tu espíritu.**

Sac.: **Levantemos el corazón.**
Tds.: **Lo tenemos levantado hacia el Señor.**

Sac.: **Demos gracias al Señor, nuestro Dios.**
Tds.: **Es justo y necesario.**

Sac.: **En verdad es justo y necesario . . .**
proclamamos tu gloria, diciendo:
Tds.: **Santo, Santo, Santo es el Señor,**
Dios del Universo
Llenos están el cielo y la tierra de tu gloria.
Hosanna en el cielo.
Bendito el que viene en nombre del Señor.
Hosanna en el cielo.

Pr.: **Let us proclaim the mystery of faith.**

All: I

Christ has died,
Christ is risen,
Christ will come again.

II

Dying you destroyed our death,
rising you restored our life.
Lord Jesus, come in glory.

III

When we eat this bread and drink this cup,
we proclaim your death, Lord Jesus,
until you come in glory.

IV

Lord, by your cross and resurrection
you have set us free.
You are the savior of the world.

Pr.: **Through him, with him, in him . . .**
for ever and ever.

All: **Amen.**

Sac.: **Este es el Sacramento de nuestra fe.**
Tds.: **I**

Anunciamos tu muerte,
proclamamos tu resurrección.
¡Ven, Señor Jesús!

II
Cada vez que comemos de este pan
y bebemos de este cáliz,
anunciamos tu muerte, Señor,
hasta que vuelvas.

III
Por tu cruz y resurrección
nos has salvado, Señor.

Sac.: **Por Cristo, con él y en él . . .**
por los siglos de los siglos.
Tds.: **Amén.**

Communion Rite

THE LORD'S PRAYER

**Our Father, who art in heaven,
hallowed be thy name;
thy kingdom come;
thy will be done on earth as it is in heaven.
Give us this day our daily bread;
and forgive us our trespasses
as we forgive those who trespass against us;
and lead us not into temptation,
but deliver us from evil.**

Pr.: **Deliver us, Lord, from every evil . . .
for the coming of our Savior, Jesus Christ.**
All: **For the kingdom,
the power, and the glory are yours, now and for ever.**
All: **Amen.**

RITE OF PEACE

Pr.: **Lord Jesus Christ . . . for ever and ever.**
All: **Amen.**

Pr.: **The peace of the Lord be with you always.**
All: **And also with you.**

**Lamb of God, you take away the sins of the world:
have mercy on us.
Lamb of God, you take away the sins of the world:
have mercy on us.
Lamb of God, you take away the sins of the world,
grant us peace.**

Rito de la Comunion

ORACION DEL SEÑOR

Padre nuestro, que estás en el cielo,
santificado sea tu Nombre;
venga a nosotros tu reino;
hágase tu voluntad en la tierra como en el cielo.
Danos hoy nuestro pan de cada día;
perdona nuestras ofensas,
como también nosotros perdonamos
a los que nos ofenden;
no nos dejes caer en la tentación,
y líbranos del mal.

Sac.: **Líbranos de todos los males, Señor . . .**
    de nuestro Salvador Jesucristo.
Tds.: **Tuyo es el reino,**
    tuyo el poder y la gloria, por siempre, Señor.

RITO DE LA PAZ

Sac.: **Senōr Jesucristo . . . por los siglos de los siglos.**
Tds.: **Amén.**

Sac.: **La paz del Señor esté siempre con vosotros.**
Tds.: **Y con tu espíritu.**

Cordero de Dios, que quitas el pecado del mundo,
ten piedad de nosotros.
Cordero de Dios, que quitas el pecado del mundo,
ten piedad de nosotros.
Cordero de Dios, que quitas el pecado del mundo,
danos la paz.

COMMUNION

Pr.: **This is the Lamb of God . . .**
     Happy are those who are called to his supper.
All: **Lord, I am not worthy to receive you**
     but only say the word and I shall be healed.

(The one giving Communion): **The Body of Christ.**
          (The one receiving): **Amen.**
(The one giving Communion): **The Blood of Christ.**
          (The one receiving): **Amen.**

Pr.: **. . . . We ask this through Christ our Lord.**
All: **Amen.**

Concluding Rite

Pr.: **The Lord be with you.**
All: **And also with you.**

Pr.: **(blessing)**
All: **Amen.**

Deacon: **The Mass is ended, go in peace.**
     All: **Thanks be to God.**

Prayers before Communion (S)

I

Lord Jesus Christ, Son of the living God,
by the will of the Father and the work of the Holy Spirit,
your death brought life to the world.
By your holy body and blood
free me from all my sins and from every evil.
Keep me faithful to your teaching,
and never let me be parted from you.

COMUNION

Sac.: **Este es el Cordero de Dios . . .**
Dichosos los invitados a la cena del Señor.

Tds.: **Señor, no soy digno de que entres en mi casa,**
pero una palabra tuya bastará para sanarme.

(Quien da la comunión): **El Cuerpo de Cristo.**
(Quien la recibe): **Amén.**
(Quien da la comunión): **La Sangre de Cristo.**
(Quien la recibe): **Amén.**

Sac.: **Oremos . . . por Jesucristo, nuestro Señor.**
Tds.: **Amén.**

Rito de Conclusión

Sac.: **El Señor esté con vosotros.**
Tds.: **Y con tu espíritu.**

Sac.: **(bendición)**
Tds.: **Amén.**

Diácono: **Podéis ir en paz.**
Todos: **Demos gracias a Dios.**

Oraciones Antes de la Comunión (M)

I
Señor Jesucristo, Hijo de Dios vivo,
que por voluntad del Padre, cooperando el Espíritu Santo,
diste con tu muerte la vida al mundo,
líbrame, por la recepción de tu Cuerpo y de tu Sangre,
de todas mis culpas y de todo mal.
Concédeme cumplir siempre tus mandamientos,
y jamás permitas que me separe de ti.

II (S)

Almighty and ever-living God,
I approach the sacrament of your only-begotten Son,
our Lord Jesus Christ.
I come sick to the doctor of life,
unclean to the fountain of mercy,
blind to the radiance of eternal light,
and poor and needy to the Lord of heaven and earth.

Lord, in your great generosity,
heal my sickness, wash away my defilement,
enlighten my blindness, enrich my poverty,
and clothe my nakedness.

May I receive the bread of angels,
the King of kings and Lord of lords,
with humble reverence, with the purity and faith,
the repentance and love, and the determined purpose
that will help to bring me salvation.
May I receive the sacrament of the Lord's body and blood,
and its reality and power.

Kind God,
may I receive the body of our Lord Jesus Christ,
born of the womb of the Virgin Mary,
and so be received into his mystical body
and numbered among his members.

Loving Father, as on my earthly pilgrimage
I now receive your beloved Son
under the veil of a sacrament,
may I one day see him face to face in glory,
who lives and reigns with you for ever. Amen.

II

Oh Dios todopoderoso y eterno,
Llégome al sacramento de tu unigénito Hijo,
nuestro Señor Jesucristo,
como enfermo al médico de la vida,
como sucio a la fuente de misericordia,
como ciego a la luz de la claridad eterna,
como pobre al Señor de los cielos y tierra,
y como desvalido al Rey de la gloria.
Suplico, pues, a tu infinita bondad y misericordia,
tengas por bien sanar mi enfermedad,
limpiar mi suciedad, alumbrar mi ceguedad,
enriquecer mi pobreza y vestir mi desnudez,
para que así pueda yo recibir el Pan de los Angeles,
al Rey de los reyes, al Señor de los señores
con tanta reverencia y humildad, con tanta contrición y
    devoción,
con tanta pureza y fe, y con tal propósito e intención,
cual conviene para la salud de mi alma.
Dame, Señor, te ruego,
que reciba yo, no sólo el sacramento de tu sacratísimo
    cuerpo,
sino también la virtud y gracia del sacramento.
Oh Dios benignísimo,
dame que reciba yo el cuerpo de tu unigénito Hijo,
nuestro Señor Jesucristo,
formado de María Virgen,
de tal modo que merezca ser incorporado a su cuerpo
    místico
y contado entre sus miembros.
Oh amantísimo Padre, concédeme tu Hijo amado,
al cual deseo ahora recibir encubierto bajo el velo de este
    sacramento,
de manera que merezca yo contemplarle para siempre
descubierto sin velo eternamente.
Que vive y reina contigo en unidad del Espíritu Santo,
    Dios,
por los siglos de los siglos. Amén.

III (C)

℣. See in this bread the body that hung on the cross;
see in this cup the blood that flowed from his side.
Take and eat the body of Christ;
take and drink his blood.

℟. For now you are members of Christ.

℣. Receive the bond of love and be united;
receive the price of your salvation and know your
worth.

℟. For now you are members of Christ.

Let us pray.
Almighty God,
we receive new life from the supper your Son gave us
in this world.
May we find full contentment
in the meal we hope to share in your eternal kingdom.
We ask this through Christ our Lord. Amen.

Prayers after Communion

I (C)
How holy this feast
in which Christ is our food:
his passion is recalled,
grace fills our hearts,
and we receive a pledge of the glory to come.

III (C)

℣. Reconozcan en el pan lo que estuvo colgado en la cruz; en el cáliz, lo que manó del costado.
Tomen, pues, y coman el cuerpo de Cristo;
tomen y beban la sangre de Cristo.

℟. Ya están hechos, ustedes, miembros de Cristo.

℣. Para que no vivan separados, coman al que es vínculo de su unión;
para que no se estimen en poco, beban su precio.

℟. Ya están hechos, ustedes, miembros de Cristo.

Oremos.
Concédenos, Dios todopoderoso, que la Cena de tu Hijo, que nos alimentó en el tiempo, llegue a saciarnos un día en la eternidad de tu reino. Por Jesucristo nuestro Señor. Amén.

Oraciones Después de la Comunión

I (C)
¡Oh sagrado banquete,
en que Cristo es nuestra comida,
se celebra el memorial de su pasión,
el alma se llena de gracia
y se nos da la prenda de la gloria futura!

II (S)

Soul of Christ, sanctify me.
Body of Christ, heal me.
Blood of Christ, drench me.
Water from the side of Christ, wash me.
Passion of Christ, strengthen me.

Good Jesus, hear me.

In your wounds shelter me.
From turning away keep me.
From the evil one protect me.
At the hour of my death call me.
Into your presence lead me,
to praise you with all your saints
for ever and ever. Amen.

III (S)

Lord, Jesus Christ, take all my freedom,
my memory, my understanding, and my will.
All that I have and cherish you have given me.
I surrender it all to be guided by your will.
Your grace and your love are wealth enough for me.
Give me these, Lord Jesus,
and I ask for nothing more.

The Divine Praises

Blessed be God.
Blessed be his holy name.
Blessed be Jesus Christ, true God and true man.
Blessed be the name of Jesus.
Blessed be his most sacred Heart.
Blessed be his most precious Blood.
Blessed be Jesus in the most holy sacrament of the altar.
Blessed be the Holy Spirit, the Consoler.
Blessed be the Great Mother of God, Mary most holy.
Blessed be her holy and immaculate conception.
Blessed be her glorious assumption.
Blessed be the name of Mary, Virgin and Mother.
Blessed be Saint Joseph, her most chaste spouse.
Blessed be God in his angels and in his saints.

II

Alma de Cristo, santifícame.

Cuerpo de Cristo, sálvame.

Sangre de Cristo, embriágame.

Agua del costado de Cristo, lávame.

Pasión de Cristo, confórtame.

¡Oh dulce Jesús! Oyeme.

En tus llagas, escóndeme.

No permitas que me aparte de ti.

Del enemigo malo, defiéndeme.

En la hora de la muerte, llámame.

Y mándame venir a ti.

Para que con tus santos y escogidos te alabe.

Por todos los siglos de los siglos. Amén.

III

Toma, Señor, en tus manos toda mi libertad,

mi memoria, mi entendimiento y mi voluntad.

Todo lo que yo poseo, tú me lo has dado.

Yo te lo devuelvo y te lo entrego

para que dispongas de ello conforme a tu santa voluntad.

Dame tu amor y gracia;

con ellos soy bastante rico y nada más deseo.

Alabanzas al Santísimo Sacramento

Bendito sea Dios.

Bendito sea su santo nombre.

Bendito sea Jesucristo, verdadero Dios y verdadero hombre.

Bendito sea el nombre de Jesús.

Bendito sea su sacratísimo Corazón.

Bendita sea su preciosísima Sangre.

Bendito sea Jesús en el Santísimo Sacramento del altar.

Bendito sea el Espíritu Santo Paráclito.

Bendita sea la excelsa Madre de Dios, María Santísima.

Bendita sea su santa e inmaculada concepción.

Bendita sea su gloriosa asunción.

Bendito sea el nombre de María, Virgen y Madre.

Bendito sea San José, su castísimo esposo.

Bendito sea Dios en sus ángeles y en sus santos.

KYRIE ELEISON

RECONCILIATION: SACRAMENT OF FORGIVENESS

The disciples rejoiced when they saw the Lord. [Jesus] said to them again, "Peace be with you. As the Father has sent me, so I send you." And when he had said this, he breathed on them and said to them, "Receive the holy Spirit. Whose sins you forgive are forgiven them, and whose sins you retain are retained." (John 20:20-23)

Jesus said, "Woman, . . . has no one condemned you?" She replied, "No one, sir." Then Jesus said, "Neither do I condemn you. Go [and] from now on do not sin any more." (John 8:10-11)

LA RECONCILIACION: SACRAMENTO DEL PERDON

Los discípulos
se alegraron mucho al ver
  al Señor.
Jesús repitió:
"Paz con ustedes.
Como el Padre me ha
  enviado,
los envío yo también".
A continuación sopló sobre
  ellos
y les dijo:
"Reciban el Espíritu Santo:
a quienes les perdonen los
  pecados
les quedarán perdonados;
a quienes se los retengan
les quedarán retenidos".
(Jn 20:20-23)
Jesús dijo:
"¿Ninguno te ha
  condenado?"
Contestó ella:
"Ninguno Señor".
Jesús le dijo:
"Pues tampoco yo te
  condeno.
Vete y en adelante no
  vuelvas a pecar".
(Jn 8:10-11)

CELEBRATION OF THE SACRAMENT (P)

Examination of Conscience

PRAYER FOR GUIDANCE (P)

Almighty and merciful God,
you have brought us together in the name of your Son
to receive your mercy and grace in our time of need.
Open my eyes to see the evil I have done.
Touch my heart and convert me to yourself.
Where sin has divided and scattered,
may your love make one again;
where sin has brought weakness,
may your power heal and strengthen;
where sin has brought death,
may your Spirit raise to new life.
Give me a new heart to love you,
so that my life may reflect the image of your Son.
May the world see the glory of Christ
revealed in your Church,
and come to know that he is the one whom you have sent,
Jesus Christ, your Son, our Lord. Amen.

EXAMINATION OF CONSCIENCE

Have I found that I have attitudes of:
  envy and hatred?
  sloth and indifference?
  materialism and sensualities?
  injustices and favoritisms?
  lack of confidence in God, in others, and in myself?
  lack of Faith, of Hope, of Charity?
Do I act with:
  taking advantage of people and situations?
  anger? pride? spite?
  discrimination? hypocrisy? cynicism?
  selfishness? cowardice? laziness?

CELEBRACION DEL SACRAMENTO (P)

Examen de Conciencia

ORACION PARA PEDIR LA GUIA DE DIOS (P)

Dios omnipotente y misericordioso,
que nos has reunido en nombre de tu Hijo
para alcanzar misericordia y encontrar gracia que nos
    auxilie:
abre mis ojos, para que descubra el mal que he hecho;
mueve mi corazón, para que, con sinceridad, me convierta
    a ti;
que tu amor reuna de nuevo
a quienes dividió y dispersó el pecado;
que tu fuerza sane y robustezca
a quienes debilitó su fragilidad;
que el Espíritu vuelva de nuevo a la vida
a quienes venció la muerte;
para que, restaurado tu amor en mí,
resplandezca en mi vida la imagen de tu Hijo,
y así, con la claridad de esa imagen
resplandeciente en toda la Iglesia,
puedan todas las gentes reconocer que fuiste tú
quien enviaste a Jesucristo, Hijo tuyo y Señor nuestro.
Amén.

EXAMEN DE CONCIENCIA

¿Encuentro que tengo:
    envidias y odios?
    perezas e indiferencias?
    materialismos y sensualidades?
    injusticias y favoritismos?
    complejos y desconfianzas?
    falta de Fe, de Esperanza y de Caridad?
¿Encuentro que actúo con:
    abuso?
    ira? orgullo? desprecio?
    descriminación? hipocresía? cinismo?
    egoísmo? cobardía? pereza?

Do I allow myself to be led by:
comfort? food? drink?
avarice? money? personal gains?
pleasure? business?
personal welfare above and beyond that of others?
disrespect for the human person and life?
unfaithfulness in my state in life?
evil? error? superstition? violence? revenge?
lies and half-truths?

PRAYER BEFORE CONFESSION (P)

Lord our God,
you are patient with sinners
and accept our desire to make amends.
I acknowledge my sins
and I am resolved to change my life.
Help me to celebrate this sacrament of your mercy
so that I may reform my life
and receive from you the gift of everlasting joy.
We ask this through Christ our Lord. Amen.

Confession of Sins (P)

In the name of the Father, and of the Son, and of the Holy
   Spirit.
Amen.

(The priest may say):   (1 John 2:1-2)
If you have sinned, do not lose heart.
We have Jesus Christ to plead for us with the Father:
he is the Holy One,
the atonement for our sins and for the sins of the whole
   world.

(You may begin the confession of your sins.
Once you have made your confession and received your penance,
and before the priest prays the absolution, you say):

¿Encuentro que me dejo llevar por:
la comodidad? la comida? la bebida?
la avaricia? el dinero? las ventajas personales?
el placer? el negocio?
el bien propio por encima del bien común?
la falta de respeto a la persona humana y a la vida?
la infidelidad en mi estado de vida?
el mal? el error? la superstición?
la violencia? la venganza? la mentira?

ORACION ANTES DE LA CONFESION (P)

Señor, Dios nuestro,
que no te dejas vencer por nuestras ofensas,
sino que te aplacas con nuestro arrepentimiento,
mira a tu siervo (sierva),
que ante ti se confiesa pecador (pecadora),
y, al celebrar ahora el sacramento de tu misericordia,
concédeme que, corregida mi vida,
pueda gozar de las alegrías eternas.
Por Jesucristo nuestro Señor. Amén.

Confesión de los Pecados (P)

℣. **Ave María Purísima.**
℟. **Sin pecado concebida.**

En el nombre del Padre, y del Hijo y del Espíritu Santo.
Amén.

(El sacerdote puede decir):   (1 Jn 2:1-2)
Si has pecado, no pierdas la confianza:
tenemos a uno que abogue ante el Padre, a Jesucristo, el
   Justo.
El es víctima de propiciación por nuestros pecados,
no solo por los nuestros, sino también por los del mundo
   entero.

(Puedes comenzar la confesión de tus pecados.
Una vez que hayas hecho tu confesión y recibido la penitencia,
y antes de que el sacerdote rece la absolución, dices):

THE ACT OF CONTRITION (p. 6) (P)

or:

Lord God,

in your goodness have mercy on me:

do not look on my sins, but take away all my guilt.

Create in me a clean heart and renew within me an upright
spirit.

Lord Jesus, Son of God,

have mercy on me, a sinner.

(The priest then prays the prayer of forgiveness):

THE ABSOLUTION (P)

God, the Father of mercies,

through the death and resurrection of his Son

has reconciled the world to himself

and sent the Holy Spirit among us

for the forgiveness of sins;

through the ministry of the Church

may God give you pardon and peace,

and I absolve you from your sins,

in the name of the Father, and of the Son, ✛ and of the
Holy Spirit.

R⁊. Amen.

DISMISSAL (P)

(He may add):

May the passion of our Lord Jesus Christ,

the intercession of the Blessed Virgin Mary and of all the
saints,

whatever good you do and suffering you endure,

heal your sins,

help you grow in holiness,

and reward you with eternal life.

Go in peace.

EL ACTO DE CONTRICION (p. 7) (P)

o bien:

Misericordia, Dios mío, por tu bondad.
Aparta de mi pecado tu vista, borra en mí toda culpa.
Oh Dios, crea en mí un corazón puro,
renuevame por dentro con espíritu firme.
Jesús, Hijo de Dios,
apiádate de mí, que soy un pecador (una pecadora).

(El sacerdote entonces reza la oración del perdón):

LA ABSOLUCION (P)

Dios, Padre misericordioso,
que reconcilió consigo al mundo,
por la muerte y la resurrección de su Hijo,
y derramó el Espíritu Santo, para la remisión de los
  pecados,
te conceda, por el ministerio de la Iglesia, el perdón y la
  paz.
Y yo te absuelvo de tus pecados
en el nombre del Padre y del Hijo ✛ y del Espíritu Santo.
R̸. Amén.

DESPEDIDA (P)

(El sacerdote puede añadir):
La pasión de nuestro Señor Jesucristo,
la intercesión de la bienaventurada Virgen María
  y de todos los santos,
el bien que hagas y el mal que puedas sufrir,
te sirvan como remedio de tus pecados,
aumento de gracia
y premio de vida eterna.
Vete en paz.

Penance and Praise (P)

(The following prayer may be said either before or after you fulfill your penance.)

Lord God,
creator and ruler of your kingdom of light,
in your great love for this world
you gave up your only Son for our salvation.
His cross has redeemed us,
his death has given us life,
his resurrection has raised us to glory.
Through him we ask you to be always present among your
   family.
Teach me to be reverent in the presence of your glory;
fill my heart with faith,
my days with good works,
my life with your love;
may your truth be on my lips
and your wisdom in all my actions,
that I may receive the reward of everlasting life.
We ask this through Christ our Lord. Amen.

Mary Most Holy, keep me always in your care. Amen.

Penitencia y Alabanza (P)

(La siguiente oración se puede decir antes o después de cumplir la penitencia.)

Oh Dios,
autor y dueño de toda luz,
que has amado tanto a este mundo,
que entregaste a tu Hijo unigénito para nuestra salvación:
en su cruz hemos sido redimidos;
por su pasión, salvados;
con su muerte, vivificados;
en su resurrección, glorificados;
por él te suplicamos que te hagas presente en medio de
   esta familia tuya.
Concédeme sentir el temor de tu piedad
y haz que tenga fe en el corazón,
justicia en las obras,
piedad en la conducta,
verdad en los labios y disciplina en las costumbres,
para que merezcamos conseguir el premio de la
   inmortalidad.
Por Jesucristo nuestro Señor. Amén.

María Santísima, mantenme siempre bajo tu amparo.
Amén.

FEAR NOT JOSEPH

NO TEMAS JOSE

PRAYER IN TIME OF ILLNESS

A leper came to him [and kneeling down] begged him and said, "If you wish, you can make me clean." Moved with pity, he stretched out his hand, touched him, and said to him, "I do will it. Be made clean." The leprosy left him immediately, and he was made clean. (Mark 1:40-42)

ORACION EN LA ENFERMEDAD

Se le acercó un leproso
y le suplicó de rodillas:
"Si quieres, puedes
  limpiarme".
Sintiendo lástima,
extendió la mano y lo tocó,
diciendo:
"Quiero, queda limpio".
En seguida se le quitó la
  lepra
y quedó limpio.
(Mc 1:40-42)

Prayer for the Sick (B)

Lord, our God,
you sent your Son into the world
to bear our infirmities
and to endure our sufferings.
For your servants who are sick,
we ask that your blessing will give them strength
to overcome their weakness
through the power of patience and the comfort of hope
and that with your aid they will soon be restored to health.
We ask this through Christ our Lord. Amen.

Prayer for Sick Children (B)

Lord, our God,
your Son Jesus Christ welcomed little children and blessed
   them.
Stretch out your right hand over these little children, who
   are sick.
Grant that, made well again,
they may return to their parents
and to the community of your holy Church
and give you thanks and praise.
We ask this through Christ our Lord. Amen.

Prayer for the Elderly (B)

All-powerful and living God,
in whom we live and move and have our being,
we thank you and praise you
for giving N. and N. long years,
lived in faith and in doing good.
Grant that they may have the loving support
of their relatives and friends,
that in good health they may be cheerful,
and in poor health not lose hope.
Sustained by the help of your blessing,
let them spend their old age giving praise to your name.
We ask this through Christ our Lord. Amen.

Oración por los Enfermos (B)

Señor, Dios nuestro,
que enviaste al mundo a tu Hijo
para que sobrellevara nuestros sufrimientos
y aguantara nuestros dolores,
te pedimos por nuestros hermanos enfermos;
que, con tu bendición, lleguen a superar la enfermedad
y, con tu ayuda, alcancen un completo restablecimiento.
Por Jesucristo, nuestro Señor. Amén.

Oración por los Niños Enfermos (B)

Señor, Dios nuestro, cuyo Hijo Jesucristo
recibió con afecto a los niños y los bendijo,
extiende benigno tu mano protectora
sobre estos servidores tuyos,
enfermos en su temprana edad;
así, recobradas sus fuerzas,
y devueltos en perfecta salud
a tu santa Iglesia y a sus padres,
puedan darte gracias de corazón.
Por Jesucristo, nuestro Señor. Amén.

Oración por los Ancianos (B)

Dios omnipotente y eterno,
en quien vivimos, nos movemos y existimos,
te damos gracias y te bendecimos
porque has dado a estos servidores tuyos
largos años de vida,
junto con la perseverancia en la fe y en las buenas obras;
concédeles ahora, Señor,
que, confortados por el afecto de los hermanos,
estén alegres en la salud,
no se depriman en la enfermedad,
y, reanimados con tu bendición,
empleen en tu alabanza el tiempo de su ancianidad.
Por Jesucristo, nuestro Señor. Amén.

CHRIST IS RISEN

CRISTO HA RESUCITADO

PRAYER AT THE TIME OF DEATH

Jesus told her [Martha]: "I am the resurrection and the life; whoever believes in me, even if he dies, will live, and everyone who lives and believes in me will never die. Do you believe this?" (John 11:25-26)

ORACION ANTE LA MUERTE

Jesús le dijo [a Marta]:
"Yo soy
la resurrección y la vida:
el que tiene fe en mí,
aunque muera, vivirá;
y todo el que está vivo
y tiene fe en mí,
no morirá nunca.
¿Crees esto?"
(Jn 11:25-26)

Commendation of the Dying (SK)

I (SK)
Go forth, Christian soul, from this world
in the name of God the almighty Father,
who created you,
in the name of Jesus Christ, Son of the living God,
who suffered for you,
in the name of the Holy Spirit,
who was poured out upon you,
go forth, faithful Christian.
May you live in peace this day,
may your home be with God in Zion,
with Mary, the virgin Mother of God,
with Joseph, and all the angels and saints.

II (SK)
I commend you, my dear brother (sister), to almighty God,
and entrust you to your Creator.
May you return to him
who formed you from the dust of the earth.
May Holy Mary, the angels, and all the saints
come to meet you as you go forth from this life.
May Christ who was crucified for you
bring you into his garden of paradise.
May Christ, the true Shepherd,
acknowledge you as one of his flock.
May you see your Redeemer face to face,
and enjoy the vision of God for ever.
R̸. Amen.

La Entrega de los Moribundos a Dios (E)

I (E)

Alma cristiana, al salir de este mundo,
marcha en el nombre de Dios Padre todopoderoso, que te
creó;
en el nombre de Jesucristo, Hijo de Dios vivo, que murió
por ti;
en el nombre del Espíritu Santo, que sobre ti descendió.
Entra en el lugar de la paz y que tu morada esté junto a
Dios en Sión,
la ciudad santa, con Santa María Virgen, Madre de Dios,
con San José y todos los ángeles y santos.

II (E)

Querido (querida) hermano (hermana), te entrego a Dios,
y, como criatura suya, te pongo en sus manos,
pues es tu Hacedor, que te formó del polvo de la tierra.
Y al dejar esta vida,
salgan a tu encuentro la Virgen María y todos los ángeles y
santos.
Que Cristo, que sufrió muerte de cruz por ti,
te conceda la libertad verdadera.
Que Cristo, Hijo de Dios vivo,
te aloje en su paraíso.
Que Cristo, buen Pastor,
te cuente entre sus ovejas.
Que te perdone todos los pecados
y te agregue al número de sus elegidos
Que puedas contemplar cara a cara a tu Redentor
y gozar de la visión de Dios por los siglos de los siglos.
R̥. Amén.

III (SK)

Welcome your servant, Lord, into the place of salvation
which because of your mercy he (she) rightly hoped for.
R̸. Amen.

Deliver your servant, Lord,
from every distress.
R̸. Amen.

Deliver your servant, Lord,
as you delivered Noah from the flood.
R̸. Amen.

Deliver your servant, Lord,
as you delivered Abraham from Ur of the Chaldees.
R̸. Amen.

Deliver your servant, Lord,
as you delivered Job from his sufferings.
R̸. Amen.

Deliver your servant, Lord,
as you delivered Moses from the hand of the Pharaoh.
R̸. Amen.

Deliver your servant, Lord,
as you delivered Daniel from the den of lions.
R̸. Amen.

Deliver your servant, Lord,
as you delivered the three young men from the fiery
   furnace.
R̸. Amen.

Deliver your servant, Lord,
as you delivered Susanna from her false accusers.
R̸. Amen.

Deliver your servant, Lord,
as you delivered David from the attacks of Saul and
Goliath.
R̸. Amen.

III (E)

Acoge, Señor, en tu reino a tu siervo (sierva) para que alcance la salvación,
que espera de tu misericordia.
R⁊. Amén.

Libra, Señor, a tu siervo(a) de todos sus sufrimientos.
R⁊. Amén.

Libra, Señor, a tu siervo(a),
como libraste a Noé del diluvio.
R⁊. Amén.

Libra, Señor, a tu siervo(a),
como libraste a Abrahán del país de los caldeos.
R⁊. Amén.

Libra, Señor, a tu siervo(a),
como libraste a Job de sus padecimientos.
R⁊. Amén.

Libra, Señor, a tu siervo(a),
como libraste a Moisés del poder del faraón.
R⁊. Amén.

Libra, Señor, a tu siervo(a),
como libraste a Daniel de la fosa de los leones.
R⁊. Amén.

Libra, Señor, a tu siervo(a),
como libraste a los tres jóvenes del horno ardiente
y del poder del rey inicuo.
R⁊. Amén.

Libra, Señor, a tu siervo(a),
como libraste a Susana de la falsa acusación.
R⁊. Amén.

Libra, Señor, a tu siervo(a),
como libraste a David del rey Saúl y de las manos de Goliat.
R⁊. Amén.

Deliver your servant, Lord,
as you delivered Peter and Paul from prison.
R̻. Amen.

Deliver your servant, through Jesus our Savior,
who suffered death for us and gave us eternal life.
R̻. Amen.

IV (SK)
Lord, Jesus Christ, Savior of the world,
we pray for your servant N.,
and commend him (her) now into the joy of your kingdom.
For though he (she) has sinned,
he (she) has not denied the Father, the Son, and the Holy
    Spirit,
but has believed in God and has worshipped his (her)
    Creator.
R̻. Amen.

Prayers for the Dead

I (S)
Remember, Lord, those who have died
and have gone before us marked with the sign of faith,
especially those for whom we now pray (N. and N.).
May these, and all who sleep in Christ,
find in your presence light, happiness and peace.
Through Christ our Lord. Amen.

II (H)
V̻. All who are in their graves shall hear the voice of the
    Son of God;
R̻. Those who have done good deeds will go forth to the
    resurrection of life;
    those who have done evil will go forth to the resur-
    rection of judgement.

Libra, Señor, a tu siervo(a),
como libraste a Pedro y Pablo de la cárcel.
R⁊. Amén.

Libra, Señor, a tu siervo(a) por Jesús, nuestro Salvador,
que por nosotros sufrió muerte cruel y nos obtuvo la vida
 eterna.
R⁊. Amén.

IV (E)
Señor Jesús, Salvador del mundo,
te encomendamos a N. y te rogamos que lo (la) recibas en el
 gozo de tu reino,
pues por él (ella) bajaste a la tierra.
Y aunque haya pecado en esta vida,
nunca negó al Padre, al Hijo y al Espíritu Santo,
sino que permaneció en la fe
y adoró fielmente al Dios que hizo todas las cosas.
R⁊. Amén.

Oraciones por los Difuntos

I (M)
Acuérdate también, Señor, de tus hijos (N. y N.)
que nos han precedido con el signo de la fe
y duermen ya el sueño de la paz.
A ellos, Señor, y a cuantos descansan en Cristo,
concédeles el lugar del consuelo, de la luz y de la paz.
Por Cristo, nuestro Señor. Amén.

II (H)
℣. Los que están en el sepulcro oirán la voz del Hijo de
 Dios:
R⁊. Los que hayan hecho el bien saldrán a una resurrección
 de vida;
 los que hayan hecho el mal, a una resurrección de
 juicio.

℣. In an instant, in the twinkling of an eye,
at the final trumpet blast, the dead shall rise.

℞. Those who have done good deeds will go forth to the
resurrection of life;
those who have done evil will go forth to the resurrection of judgement.

Let us pray.
Lord God, you are the glory of believers and the life of the
just.
Your Son redeemed us by dying and rising to life again.
Our brother (sister) N. was faithful
and believed in our own resurrection.
Give to him (her) the joy and blessings of the life to come.
Through Christ our Lord. Amen.

III (F)

℣. Saints of God, come to his (her) aid!
Hasten to meet him (her) angels of the Lord!

℞. Receive his (her) soul and present him (her) to God the
Most High.

℣. May Christ, who called you, take you to himself;
may angels lead you to the bosom of Abraham.

℞. Receive his (her) soul and present him (her) to God the
Most High.

℣. Eternal rest grant unto him (her), O Lord,
and let perpetual light shine upon him (her).

℞. Receive his (her) soul and present him (her) to God the
Most High.

℣. En un instante, en un abrir y cerrar de ojos,
al toque de la última trompeta, los muertos despertarán.

℟. Los que hayan hecho el bien saldrán a una resurrección
de vida;
los que hayan hecho el mal, a una resurrección de
juicio.

Oremos.
Oh Dios, gloria de los fieles y vida de los justos,
nosotros, los redimidos por la muerte y resurrección de tu
Hijo,
te pedimos que acojas con bondad a tu siervo (sierva) N.,
y pues creyó en la resurrección futura,
merezca alcanzar los gozos de la eterna bienaventuranza.
Por Jesucristo nuestro Señor. Amén.

III (F)
℣. Vengan en su ayuda, santos de Dios;
salgan a su encuentro, ángeles del Señor.

℟. Reciban su alma y preséntenla ante el Altísimo.

℣. Cristo que te llamó, te reciba,
y los ángeles te conduzcan al regazo de Abrahán.

℟. Reciban su alma y preséntenla ante el Altísimo.

℣. Dale, Señor, el descanso eterno,
y brille para él (ella) la luz perpetua.

℟. Reciban su alma y preséntenla ante el Altísimo.

Let us pray.
Into your hands, Father of mercies,
we commend our brother (sister) N.
in the sure and certain hope
that together with all who have died in Christ,
he (she) will rise with him on the last day.
We give you thanks for the blessings
which you bestowed upon N. in this life:
they are signs to us of your goodness
and of our fellowship with the saints in Christ.
Merciful Lord,
turn toward us and listen to our prayers:
open the gates of paradise to your servant
and help us who remain
to comfort one another with the assurances of faith,
until we all meet in Christ and are with you and our
    brother (sister) for ever.
We ask this through Christ our Lord. Amen.

IV (F)
May the angels lead you into paradise;
may the martyrs come to welcome you
and take you to the holy city, the new and eternal
    Jerusalem.
May the choirs of angels welcome you
and lead you to the bosom of Abraham;
and where Lazarus is poor no longer may you find eternal
    rest.

℣. Eternal rest grant unto him (her), O Lord
℟. And let perpetual light shine upon him (her).

℣. May he (she) rest in peace.
℟. Amen.

℣. May his (her) soul and the souls of all the faithful
    departed,
    through the mercy of God, rest in peace.
℟. Amen.

Oremos.
A tus manos, Padre de bondad, encomendamos el alma de
  nuestro hermano (nuestra hermana),
con la firme esperanza de que resucitará en el último día,
con todos los que han muerto en Cristo.
Te damos gracias por todos los dones
con que lo (la) enriqueciste a lo largo de su vida;
en ellos reconocemos un signo de tu amor
y de la comunión de los santos.
Dios de misericordia, acoge las oraciones que te
  presentamos
por este hermano nuestro (esta nuestra hermana) que acaba
  de dejarnos
y ábrele las puertas de tu mansión.
Y a sus familiares y amigos, y a todos nosotros,
los que hemos quedado en este mundo,
concédenos saber consolarnos con palabras de fe,
hasta que también nos llegue el momento
de volver a reunirnos con él (ella)
junto a ti, en el gozo de tu reino eterno.
Por Jesucristo, nuestro Señor. Amén.

IV (F)
Al paraíso te lleven los ángeles,
a tu llegada te reciban los mártires
y te introduzcan en la ciudad santa de Jerusalén.
El coro de los ángeles te reciba,
y junto con Lázaro, pobre en esta vida,
tengas descanso eterno.

℣. Señor, dale(s) el descanso eterno
℟. y brille sobre él [ella(s), ellos] la luz eterna.

℣. Descanse(n) en paz.
℟. Amén.

℣. Su(s) alma(s) y las almas de todos los fieles difuntos,
  por la misericordia de Dios, descansen en paz.
℟. Amén.